내일 고민은
내일 하는 걸로

세상 고민 혼자 다하는
당신을 위한 심리 처방

내일
고민은
내일
하는 걸로

스기타 다카시 지음
이주 옮김

팬덤북스

목차

당신은

올바르게

고민하고 있는가

수년 전까지만 해도 나는 매일 괴로움 속에서 살았다. 고등학
생 시절부터 사는 것이 괴로워 힘들었는데 직장인이 되어서
도 마찬가지였다. 직업도 바꿔보고, 해외 도피도 해보고, 1년
이상 방 안에 처박혀 술만 마시며 지내기도 했다. 괴로워한 기
간을 모두 합치면 대략 20년 정도 될 것이다. 그렇게 긴 시간
동안 나는 내 마음을 어쩌지 못해 고민에 휘둘리는 생활을 반
복했다.

  하지만 지금의 나는 고민으로 힘들어하는 사람들의 이야기
를 들어주고 용기를 북돋워주는 일을 하고 있다. 삶의 괴로움
은 사라지고 고민이 생겨도 쉽게 좌절하지 않게 되었다.

  문득 이런 생각이 든다.

  '예전의 나와 지금의 나, 무엇이 달라진 것일까?'

  일 때문에 만난 사람들의 고민을 듣는 중에도 같은 질문이
떠오른다.

  고민은 누구에게나 있다. 그런데 이것을 잘 극복해내는 사
람이 있는가 하면, 잘 대처하지 못하는 사람도 있다. 왜 이런
차이가 생길까? 어떻게 하면 고민을 잘 다룰 수 있을까?

  예전 같았으면 '고민을 잘 다루는 사람'을 두고 '애초에 밝

은 성격으로 태어났으니까' '좋은 부모님 밑에서 자랐으니까'라고만 생각했을 것이다. 선천적인 기질이나 성장환경이 고민을 잘 다루는 것과 상관관계가 있다고 단정했을지 모른다. 물론 그런 요인들 또한 크게 영향을 준다.

하지만 그런 요인들로 모든 것이 설명된다면 나의 변화와 삶의 활력을 되찾은 내 의뢰인들의 변화는 어떻게 받아들여야 할까? 혹시 '고민하는 방법' 중에도 '올바르게 고민하는 방법'이 존재하는 것은 아닐까? 나를 비롯하여 어려움을 극복한 의뢰인들이 자신도 모르게 그 비결을 익힌 것은 아닐까?

고민에 대한 책들은 대개 '한순간에 고민이 사라진다!' '이것으로 고민 끝!'이라고 말하며 '고민을 없애는 방법'에 대해 설명한다. 알다시피 고민은 억만장자가 되어도, 대단한 능력이 생기거나 가정환경이 좋아져도 사라지지 않는다. 고민거리 하나가 사라지면 생각지도 못했던 다른 문제가 갑자기 고민으로 부상하기도 한다. 한 예로 집에 있는 시간을 즐거워하던 여성이 다니기 싫어하던 직장에 사표를 내고 전업주부가 되자 집에 있는 것이 지루해졌다는 일화도 있다.

사실 고민은 그 자체를 없애기보다는 '고민이 있는 상태에서 잘 대처해 나가는 것'이 더 중요하다. 이것이 책에서 다루고자 하는 주제, 올바르게 고민하는 기술이다.

고민은 어떻게 해도 사라지지 않는다. 그러니 '고민하지 말아야지' '고민을 없애야지'라고 생각하기보다는 고민이 계속 존재한다는 전제하에 올바른 방식으로 고민하는 것이 더 바람직하다. 지금 고민하는 기술을 배워서 뭐하겠느냐고 생각하는가? 천만에! 고민을 잘 다루는 방법은 언제 배워도 늦지 않다. 꼭 어릴 때만 배워야 하는 것은 아니다. 나도 성인이 되고 한참이 지나서 익혔다. 그렇다면 지금부터 올바르게 고민하는 방법을 함께 익혀보자!

chapter 01.

고민은
생기는 것이 아니라
만드는 것

01

당신은 고민을

어떻게

다루고 있는가?

사람들은 자기 방식대로
고민을 다룬다

"고민이 있을 때, 당신은 어떻게 하는가?"

이런 질문을 받으면 대개 어떻게 대답해야 할지 몰라 잠시 망설인다. 고민 해결 방법은 다양하다. 친구와 이야기를 나눌 수도 있고, 취미 활동으로 기분 전환을 할 수도 있고, 잠을 청해 잊어버리거나 술을 마실 수도 있다.

어떤 방법이든 아무것도 하지 않고 스트레스만 계속 쌓아두는 것보다는 나을 것이다. 그렇다면 위 질문을 다시 한 번 곰곰이 생각해보자. 고민이 생기면 어떻게 해야 할지 잘 몰랐지만, 막상 생기면 어떻게든 대처하지 않았는가?

우리는 고민에 대해 잘 모른다. 학교에서도 가정에서도 배우지 않았다. '고민이란 무엇인가?' '고민은 왜 생기는가?' '고민이 생기면 어떻게 해야 하는가?'

이런 구체적인 내용은 배운 적이 없다. 그렇기 때문에 우리는 자기 방식대로 고민을 다루게 된 것이다.

자기만의 방식대로 고민을 다루고 해결하면 그것만큼 좋은 일은 없을 것이다. 문제는 자기 방식으로 고민을 다뤘는데도 잘 해결하지 못하는 사람들이다. 고민을 잘 다루지 못하는 사실만으로도 삶은 힘들어진다. 그 외에 특별한 문제가 없더라도 말이다. 이런 사람들은 평온한 일상 속에서도 끊임없이 고민을 찾아낼 뿐만 아니라 고민과 마주칠 때마다 에너지를 소진해 결국 심신이 지쳐버린다. 이런 자신의 상태에 문제를 느끼면서도 올바르게 고민하는 방법을 모르니, 자기 방식대로 고민을 다루며 괴로운 나날만 보내게 된다.

이 책은 고민을 잘 다루지 못하는 사람들을 위한 책이다. 고민을 다루는 방법을 몰라 하루하루가 괴로웠다면 이 책을 통해 올바르게 고민하는 기술을 익히자. 물론 다음과 같이 생각하는 사람도 있을 것이다.

'그런 게 가능해? 고민의 종류가 얼마나 많은데……'
'고민에 대응하는 방법을 구체적으로 설명하는 것이 가능한 일이겠어?'
'고민을 다루는 방법 자체를 배우고 말고 할 게 어디 있어?'

맞는 말이다. 하지만 우리는 곤란한 일이 생겼을 때, 위기일발의 상황일 때 주변 사람들을 통해 방법을 배운다. 학교에서 배우는 지진 시 대피요령이 그 대표적인 예다. 배우지 않았다면 어떻게 우리가 '책상이나 탁자 밑에 숨기' '진동이 멈추면 화기나 가스 등을 점검하고 잠그기' 등의 행동 지침을 알 수 있겠는가. 배우지 않았다면 전혀 갈피를 잡지 못했을 것이다.

고민이 생겼을 때도 지진과 마찬가지로 곤란에 처한 상황, 즉 위기일발의 상황이다. 그런데 우리는 그럴 때마다 어떻게 대처하는지 체계적으로 배우지 못했다. 생각해보면 지진보다 고민이 더 일상적이고 빈번하게 겪는 일인데 대처 방법을 모르고 있다. 이상하지 않은가?

물론 고민을 다루는 방법을 안다고 해서 모든 문제가 해결되는 것은 아니다. 하지만 다루는 방법조차 모르고 있다면 배우기라도 해야 하지 않을까. 큰 지진이 났는데 어찌할 바를 몰라 그 자리에 얼어붙어 있는 것처럼 고민이 힘든 사람들에게는 위험한 상황일 테니 말이다.

×TIP×

"의외로 고민을 찾고 만들어내는 사람이 있다. 그래서 올바르게 고민하는 기술이 필요하다."

02

고민을 만드는

또 하나의

마음이 있다

✖

고민이란
무엇인가

고민에 대한 본격적인 이야기를 시작하기 전에 잠시 저자로서의 고충을 털어놓으려 한다. 솔직하게 이야기하면 고민에 도움이 될 만한 책을 쓰는 일이 쉽지만은 않았다. 예를 들어 어떤 사람이 다음과 같은 고민을 하고 있다고 가정해보자.

> "요즘 생각이 너무 많아져서 아무것도 못하겠어요……."

이때 '이것저것 너무 깊게 생각하지 말고, 그중 하나로 결정해서 일단 하면 될 거예요!'라고 했다면 충고 자체로는 맞는 말이다. 하지만 그 말을 들은 상대는 자신의 감정을 이해받지 못했다는 느낌에 서운할 수도 있고, '그렇게 못 하니까 고민하는 거잖아!'라고 반발할 수도 있다. 그렇다면 지금부터 고민에 대한 원론적인 충고가 왜 도움이 되지 않는지 생각해보자. 그러려면 '고민이란 무엇인가?'라는 질문에서 출발해야 한다.

고민을 만드는
또 하나의 마음

여기 '아직은 하고 싶은데 전혀 행동하지 않는 상태'가 고민인 사람이 있다. 그는 당장 회사를 때려치우고 싶다. 짜증나는 상사 때문에 견디기도 힘들고, 급여도 적고, 지금 하는 일과는 별개로 해보고 싶은 일도 있다. 그럼에도 아직 이직 준비는 하지 못했다. 정신을 차리고 보니 시간은 어느새 반년이나 흘러 있었다.

지금 그에게는 두 가지 마음이 있다. '이직하고 싶다'는 마음과 그 이면에 숨겨진 '이직하고 싶지 않다'는 마음. 각자의 경험을 바탕으로 상상해보길 바란다. 우리는 이런 의식 깊은 곳에 숨어 있는 또 하나의 마음을 '무의식'이라고 한다.

우리가 의식하는 부분은 일부분이다

무의식이라는 용어가 낯선 이들을 위해 자세히 짚고 넘어가자. 우리의 일상은 의식과 무의식이 통제한다. 여기서 의식은 '자각할 수 있는 것', 무의식은 '자각할 수 없는 것'이다. 의식과 무의식이 우리의 일상을 통제하는 비율을 따져보면 무의식의 비율이 압도적으로 크다. 다시 말해 우리가 하는 행동의 많은 부분은 우리가 자각하지 못한 상태로 실행된다.

무의식의 영향이 더 크다는 것은 조금만 생각해보면 쉽게 알 수 있다. 지금 당신은 왼손을 의식하고 있는가? 왼손은 '이렇게 해야지' 하고 의식적으로 생각한 뒤에 실제로 그렇게 하는가? 아마 그렇지 않을 것이다. 당신이 깨닫지 못한 사이에

왼손을 어떻게 할지 결정했을 것이다.

이번에는 오른발을 보라. '여기에 이렇게 놔야지' 하고 생각해 그렇게 행동한 것인가? 호흡도 마찬가지다. 당신은 '숨을 들이마시고 내쉬자'라고 생각하며 호흡하고 있는가? '심장 근육은 이런 식으로 움직여야지'라고 생각하며 심장 근육을 조절하고 있는가? 그렇지 않다. 당신은 의식하지 않고 이 모든 것들을 자연스럽게 한다.

무의식은 호흡처럼 생명 유지와 관련된 것들 외에도 겉으로 드러나는 행동, 생각이나 감정의 방향에도 큰 영향을 끼친다. 의식적으로 통제하는 부분보다 의식하지 않아도 통제되는 부분이 더 많다. 어쩌면 당신이 이 책을 집어 읽게 된 것도 무의식의 영향일지 모른다.

× TIP ×

"숨어 있는 또 하나의 마음이 고민을 만든다."

03

심각하고

복잡한 고민이

있다면

✕

누구에게나 통하는
고민 공식

본격적으로 고민의 정체에 대해 알아보자. 앞에서 예로 들었던 이직은 하고 싶은데, 전혀 행동하고 있지 않아 고민이라는 사람을 떠올려보자. 그의 고민을 잘 들여다보면 의식과 무의식이 서로 다른 방향을 가리키고 있다. 의식적으로는 '이직하고 싶다'고 생각하지만, 무의식에서는 '이직하고 싶지 않다'고 생각하고 있다.

　즉 이런 상황은 '의식과 무의식의 욕구가 서로 충돌해 갈등이 발생'한 것이다. 이해를 돕기 위해 공식으로 정리해보면 다음과 같다.

고민의 공식

(의식에서는) ~하고 싶은데 (무의식에서는) ~못 하겠다.

(의식에서는) ~하고 싶지 않은데 (무의식에서는) ~하게 된다.

대부분의 고민은 이 공식으로 설명이 가능하다.

'(의식에서는) 더욱 적극적으로 행동하고 싶은데

(무의식에서는) 그렇게 못 하겠다.'

'(의식에서는) 저 사람에게 못되게 굴고 싶지 않은데

(무의식에서는) 나도 모르게 못되게 굴게 된다.'

이렇게 정리된 고민이 생소하게 느껴질 수도 있다. 하지만 고민은 얼마든지 명료한 형태로 정리할 수 있다. 고민을 정리하여 정체가 무엇인지만 파악해도 마음이 조금 놓인다.

지금 당신에게 고민이 있다면 앞의 공식에 맞추어 정리해보자. 심각하고 복잡하게 느껴졌던 고민이 의외로 간단하게 정리된다.

원론적인 충고는
고민 해결에 도움이 안 된다

고민 공식은 '고민이 있을 때'가 어떠한 상황인지 분명하게 보여준다. 고민하는 당사자가 '이미 알고 있지만 멈출 수 없다'고 느끼는 특수한 상황이 그에 속한다. 앞서 등장했던 예를 다시 떠올려보자. '요즘 생각이 너무 많아져서 아무것도 못 하겠어요'라고 고민을 토로하는 사람에게 '이것저것 너무 깊이 생각하지 말고 그중 하나로 결정해서 일단 해보면 될 거예요!'라고 했다면 어떨까?

당사자가 이것을 몰라서 못하고 있을까. 그렇지 않다. 이처럼 원론적인 충고는 상대가 이미 알고 있는 내용에 지나지 않다. 이런 충고는 상대방의 기분만 상하게 할 뿐, 문제 해결과는 거리가 멀다. 원론적인 충고가 고민 해결에 직접적인 도움이 안 되는 것은 바로 이 때문이다.

'지금 이대로 괜찮다'는
말의 함정

대개 고민과 관련된 책들은 '긍정적으로 생각하고 행동하라!' 혹은 '사소한 일에 너무 신경 쓰지 마라' 등의 원론적인 행동 원칙을 직설적으로 충고하는 경우가 많다. 하지만 고민 때문에 책을 찾아 읽는 사람에게 그런 충고는 딴 세상 이야기처럼 들릴 뿐이다.

상황이야 어떻든 '지금 모습 그대로도 충분히 괜찮다'고 주장하는 책들도 있다. 고민이 있다는 것은 '무엇인가 부족하다'고 느끼는 상황인데, 아무런 근거도 없이 전적으로 긍정하는 말을 듣는다면 어떨까? 여전히 부족하다는 느낌을 지울 수 없지 않을까?

고민을 잘 다루는 사람이라면 관련 노하우가 많다. 그렇다고 해도 그 방법을 다른 사람에게 설명하고 적용하기란 쉽지 않다. 마치 외국인이 '어쩜 그렇게 한국어를 잘하세요?'라고 물었을 때 쉽게 대답하지 못하는 것과 같다. 자기도 모르는 사이에 터득한 것을 상대가 이해하기 쉽게 설명하기란 어려운 일이다. 방법을 잘 설명했다 하더라도 처음부터 잘해 온 사람의 방식은 어려움을 겪는 이에게 큰 도움이 되지 못한다. 영어가 어려운 사람에게 '영어 방송을 자주 듣다보니 자연스럽게 영어가 늘었다'고 하는 것과 같다.

뻔한 충고는
고민 해결에 도움을 주지 못한다

20년 가까이 고민 때문에 고생한 나는 현재 심리 상담 전문가로 활동하고 있다. 고민을 다루는 데 있어 양극단을 모두 경험해봤기에 고민으로 힘들어하는 사람들에게 도움을 주고 싶었다.

고민을 잘 해결하려면 다음 세 가지 원론적인 충고는 멀리해야 한다.

'원론적인 행동 원칙만 가르치는 것.'
'모든 것을 긍정적으로 받아들이라고 하는 것.'
'소수의 특정 사람들만 할 수 있는 방법을 가르치는 것.'

위의 세 가지 문제들을 극복하기는 쉽지 않지만 나는 최대한 이 점을 의식하며 책을 집필했다. 심리 상담 전문가로 활동하면서 생각한 내용을 친구들과 가볍게 한잔하면서 이야기한다는 기분으로 글을 썼다.

과도하게 긍정적인 행동 원칙이나 '너 말고 그런 것을 누가 할 수 있겠나!' 하는 이야기들은 책에 싣지 않았다. 누구나 쉽게 할 수 있는 것만 골라 담았다.

'지금 이대로도 괜찮다'는 식의 방치나 다름없는 방식으로도 접근하지 않았다. '그런 상황에서는 어떻게 생각하고 행동하면 좋을까'를 고민하며 그에 대한 구체적인 힌트를 제시했다. 이 책은 실제로 내가 고민 때문에 어려움을 겪고 있을 때, '이런 책이 있으면 정말 좋겠다'고 생각했던 내용을 구체화한 결과물이다. 끝으로 중요한 사항을 언급하려 한다.

'책의 내용 중 가장 중요한 내용은 어느 부분일까?'

이것을 미리 알 수 있다면 더욱 수월하게 책을 읽어 나갈 수 있을 것이다. 당신 생각에 가장 중요한 내용은 어디에 나와 있을 것 같은가. 마지막? 중간? 아니면 지금 읽고 있는 처음?

모두 아니다. 가장 중요한 내용은 '당신 머릿속'에 있다. 중요한 내용을 담아두기에 머릿속보다 더 좋은 곳은 없다. 책의 내용과 머릿속에 있는 정보를 연결해 새로운 깨달음을 얻거나 참신한 아이디어를 떠올릴 수도 있고, 뭔가 실행해봐야겠다는 마음을 먹을 수도 있다. 이런 변화들은 무엇보다 소중한 자산이 된다.

만약 누가 나에게 '이 책은 어떻게 읽는 것이 좋을까요?'라고 묻는다면 내 대답은 다음과 같다.

× TIP ×

"읽으면서 당신의 머릿속에 떠오르는 내용을 몸으로 직접 '느끼고', '맛보도록' 하라. 그런 다음 '언어'로 표현해보라. 가능하다면 글로 정리하라."

chapter 02.

사소한 일로
끙끙 앓는
고민메이커의 심리

01

고민은

통제할 수

있는 것만

✕

통제할 수 없는 일에
신경 쓰지 않기

예전의 나는 항상 고민을 끌어안고 끙끙대는 사람이었다. 다른 사람의 표정이나 몸짓 하나하나에 예민하게 반응하며 혹시라도 미움을 받는 건 아닐까 싶어 전전긍긍했다. 항상 타인과 비교하며 남보다 못하지 않을까 신경 썼다.

　심지어 '고민하기를 그만두면 안 좋은 일이 생기지 않을까' '미리미리 걱정을 해두면 그 문제가 정말 생겼을 때 충격을 덜 받겠지'라고 생각하며 충실하게 고민하는 나날을 보냈다.

　그러던 어느 날, 메이저리그에서 활약하는 마쓰이 히데키 선수와 스즈키 이치로 선수가 한 말을 듣고 정신이 번쩍 들었다.

　　"내가 통제할 수 있는 것과 할 수 없는 것을 먼저 구별하라. 그리고 통제할 수 없는 것에 대해서는 신경 쓰지 마라."

고민은
'스스로 통제할 수 있는 문제'만!

'일류 운동선수에게도 해결할 수 없는 문제가 있는데……'라는 생각이 들자 그동안 해결할 수 없는 문제를 끌어안고 끙끙거린 내 모습이 처량하게 느껴졌다. 고민하는 내용들을 하나하나 꼼꼼히 따져보면 혼자 힘으로는 어떻게 할 수 없는 것들이 참 많다.

한 예로 '주위 사람들이 어떻게 볼지 걱정되는데'라는 고민을 들어보자. 따지고 보면 이런 문제는 고민이 될 수 없다. 고민하는 당신은 주위 사람들이 아니다.

취직 문제도 마찬가지다. 채용 여부는 당신이 지원한 회사의 인사과에서 결정할 문제이지 당신이 고민할 문제가 아니다. 그렇다면 고민의 대상이 될 수 있는 문제란 어떤 것일까. 바로 '스스로 통제할 수 있는 문제'이다.

고민을 글로 정리해서 분류하기

만약 주변에서 어떻게 볼지 고민된다면 주위 사람들에게 좋은 인상을 주는 방법 등의 '스스로 통제할 수 있는 문제'를 고민해야 한다. 그 범위를 벗어나는 것들은 생각하지 말아야 한다.

취직이 고민이라면 서류 심사나 면접에서 좋은 성과를 내는 방법 등 자신이 통제할 수 있는 문제를 고민해야 한다. 그 외의 것들은 고민할 필요가 없다. '결과 자체'가 아닌 '어떻게 하면 좋은 결과를 낼 수 있을까'가 고민의 대상이 되는 것이다.

나는 고민이 생길 때마다 스스로에게 묻는다.

'이 문제는 내 힘으로 통제할 수 있는가? 아니면 통제할 수 없는데 고민만 하고 있는가?'

이제 고민의 대상이 될 수 없는 문제로 고민한다는 사실을 깨달으면 피식 웃음이 나온다. 나보다 훨씬 더 대단한 사람들조차도 해결할 수 없는 문제를 내가 걱정하고 있으니 말이다. 이런저런 고민이 있을 때는 생각나는 대로 종이에 적었다가 '통제할 수 있는 문제인가?'라는 기준을 두고 분류해보자. 고민이 절반으로 확 줄었다는 느낌이 들 것이다.

그렇다면 이제부터는 나머지 절반을 어떻게 다룰 것인지 생각해보자.

─────────────────────── ×**TIP**× ─

"인간은 '고민하지 말라'는 말을 들어도 고민을 멈추지 않는다. 결국 고민에서 벗어날 수 없다면 '스스로 통제할 수 있는 문제'에 대해서만 고민하자."

02

고민메이커들은

고민거리만

바라본다

푸념할 대상에만
시선을 고정하고 있으면

어느 날 카페에서 한 무리의 여성이 큰 소리로 나누는 대화를 들었다.

"조금 더 신경을 써주면 좋을 텐데 말이야……."

"전에는 해줬으면서."

"그렇게 하다니 말도 안 돼!"

대화 내용 대부분이 자신의 현재 상태나 상대방에 대한 불평불만이었다. '남들에게 무시를 당하고 있다' '운도 안 따라준다' 등 푸념 가득한 대화였다.

한참 푸념을 늘어놓고 나면 속이 후련해지기는 하지만, 계속 투덜거리다보면 의식이 불평불만 쪽으로 향해 평소에도 불평불만할 것들만 눈에 더 잘 띈다. 내가 이런 사실을 깨달은 계기가 있다.

어릴 때 이후 10년 만에 디즈니랜드를 다시 찾은 날의 일이었다. 기억에 남아 있는 디즈니랜드는 알록달록한 장식이 가득하고, 경쾌한 음악이 흐르는 곳, 모든 사람이 방긋방긋 웃는 환상의 나라였다.

어른이 되어 디즈니랜드에 다시 갔을 때는 보다 냉정한 눈으로 현실을 보게 되었다. 모두가 행복해야 할 곳에 있는데

'잔뜩 짜증난 사람'들이 눈에 들어왔다. 공교롭게도 내가 방문한 날 갑자기 비가 내린 탓도 있었지만, 비를 맞으며 놀이기구 순서를 기다리던 사람, 이미 지친 듯 바닥에 주저앉아버린 가족 등 거기 있던 사람 중 3분의 1 정도는 완전히 기운 빠진 모습이었다. 나는 궁금한 마음에 일부러 '잔뜩 짜증난 사람들'을 의식적으로 찾아보았다.

예상외로 많은 사람들이 눈에 들어왔다. 말다툼하는 연인도 있었고, 아이들까지 데리고 왔으면서 얼른 집에 돌아가자고 옥신각신하는 부부도 있었다. 시간이 갈수록 짜증난 사람들이 많다는 사실을 알 수 있었다.

조금 전까지만 해도 미키 마우스나 신데렐라 성에 정신이 팔려 보이지 않던 것들이 보이기 시작했다. 어떤 것을 의식하느냐에 따라 보이는 것도 달라졌다. 환상의 나라에도 잔뜩 짜증난 사람들이 있다니 전혀 예상치 못했던 일이었다. '모든 것이 다 좋기만 한 것도 아니고, 나쁘기만 한 것도 아니다'라는 말이 환상의 나라 디즈니랜드에까지 적용이 되다니 의외였다.

디즈니랜드는 미키 마우스가 있는 곳이기도 하고, 잔뜩 짜증난 사람들이 있는 곳이기도 했다. 이것이 바로 현실이다. 개인이 선택할 수 있는 것은 '어느 쪽에 시선을 두는가'였다.

카페에 갔던 그날, 푸념을 늘어놓던 여성들에게 이렇게 말했다면 어땠을까.

"끊임없이 불평불만을 쏟아내는 것은 디즈니랜드까지 가서 잔뜩 짜증
난 사람들만 쳐다보는 것과 같아요!"

이렇게 말했다면 그녀들은 화를 내며 이렇게 반박했을 것이다.

"이봐요, 지금 무슨 소리를 하는 거예요! 지금 여기서는 이렇게 투덜거
리고 있지만, 디즈니랜드에 가서도 그럴 것 같아요?"

그녀들이 여기서 놓친 것이 있다. 우리의 인생 자체가 디즈
니랜드보다 훨씬 크고 흥미진진한 테마파크라는 점이다. 그
렇다면 지금 당신은 어떠한가. 인생이라는 테마파크에서 잔
뜩 짜증난 사람들만 보고 있지는 않은가?

"인생이라는 테마파크에도 폐장 시간이 있다. 폐장하
기 전까지는 자신이 보고 싶은 것에만 시선을 두자."

03

극단적인

사고방식이

고민을 만든다

✖

전면적인 자기 부정을
그만두자

상대방이 화를 내면 당연히 기분이 상한다. 기운이 쭉 빠지는 것 같다. 전에 나는 상대방이 조금이라도 화를 내면 버티지 못하고 일주일 만에 직장을 그만두기도 했다.

다음은 당시 내가 그런 상황을 어떻게 받아들였는지 도식화한 것이다.

"컴퓨터 사용법 좀 익히세요"라는
말을 들었을 때 나의 반응

'나는 컴퓨터도 제대로 못 다루는구나…….

↓

그러고 보니 일도 잘 못하네…….

↓

그렇다면 난 노력도 제대로 안 한 거네…….

↓

이제 내 인생은 망한 거야…….

↓

응? 그럼 이대로 나는 끝인 거야?

↓

혹시, 내가 인간쓰레기인 걸까?

↓

나는 존재 가치가 없어!

이렇게 나는 전면적으로 내 자신을 부정했다. 부분을 전체로 보는 사고방식을 갖고 있었다. '컴퓨터 사용법 좀 익혀라'라는 말은 나의 '일부'일 뿐인데, '전부'를 부정당한 것으로 생각했다. 이런 사고방식을 가지고 있으면 쉽게 절망할 수밖에 없다.

지적받은 내용의
크기를 가늠해보자

머리로는 지적받은 사항이 일부일 뿐이라고 이해할 수 있어도 그 문제로 혼나는 순간에는 그 생각을 떠올리기가 쉽지 않다. 그럴 때는 지적받은 문제가 얼마나 큰지 '그림으로 그려보는 것'이 좋다.

상대방이 화를 내며 나의 문제를 지적할 때는 온몸이 얼어붙어 A와 같은 상태가 되기 쉽다. 하지만 컴퓨터를 잘 다루지 못하는 문제를 그림으로 나타내면 B와 같다. 컴퓨터와 관련된 일 외에도 잘하는 일과 잘하지 못하는 일이 있고, 컴퓨터를 잘하지 못하는 것은 그중 하나일 뿐이다. 겨우 문제 하나를 지적받았을 뿐이다. 어떤가. 이렇게 생각하면 마음이 조금 놓이지 않는가?

컴퓨터를
잘 못
다룬다

A

컴퓨터를
잘 못
다룬다

B

× TIP ×

"안경은 얼굴의 일부다. 지적받은 문제도 당신의 일부

일 뿐이다."

04

고민의

판단 기준은

'행복'

누구에게나 자신을 괴롭히는
'신념'이 있다

내가 어릴 적에는 지금과 달리 집에 텔레비전이 한 대뿐이어서 각 집마다 리모컨 다툼이 치열했다. 우리 집도 종종 리모컨을 두고 아버지와 묘한 신경전이 있었는데, 아버지는 매번 '어른들은 뉴스를 봐야 돼'라고 말씀하셨다. 지금 생각해보면 아버지는 우리가 보던 만화 영화에는 조금도 관심이 없어 그럴 듯한 이유를 붙여 자신이 보고 싶은 프로그램을 봐야 한다고 주장했다.

그런데 이런 말을 계속해서 듣다보니 '어른이 되면 꼭 뉴스를 봐야 하는구나!'라는 일종의 신념이 생겼다. 아버지는 이외에도 '신문을 읽지 않는 사람은 어른이라고도 할 수 없다'라고 말씀하셨다. 그래서 나는 '뉴스 좀 봐라!' '신문을 읽어라!'라는 말을 직접 듣지 않아도 '어른이 되면 그 정도는 기본으로 해야지'라고 생각했다.

하지만 무조건 그래야만
하는 건 없다

너무도 당연한 것처럼 여겨져서 자신도 모르게 그렇게 하고 있지만, 그로 인해 괴로운 신념은 다양하다. 영어가 필요 없는

데다 별로 좋아하지도 않는 사람이 '영어는 기본이니까 공부해두어야지'라고 생각하는 경우가 그렇다. 이런 경우 동기가 약해 막상 시작해도 오래가지 못한다. 결국 좌절하는 자신만 탓한다.

모든 사람과 잘 지내야 한다고 믿는 사람도 마찬가지다. 모든 사람과 별문제 없이 좋은 관계를 유지하는 것은 바람직하다. 하지만 '인간은 서로 다르다'는 전제가 옳다면 '사이좋게 지낼 수 있는 사람'과 '사이좋게 지내기 어려운 사람'이 있는 것은 당연하다.

그럼에도 잘 지내기 어려운 사람과 만났을 때 무조건 자신이 잘못해서 그렇다고 자책하는 사람이 있다. 이 역시 스스로를 괴롭게 만드는 신념이다.

삶을 불행하게 만드는 신념은
사람마다 다르다

나를 불행하게 만든 신념 중 가장 심각했던 것은 일과 관련된 것이었다.

'월급은 내가 참은 대가로 받는 것이다.'
'직장에서는 원래 싫어하는 일을 하는 것이 당연하다.'

일본의 고도 경제 성장기를 지나오신 아버지가 하신 말씀 때문에 나는 항상 '회사에서는 하기 싫은 일이 있어도 버텨야 하는구나!' '즐거운 일만 골라서 하면 안 되는구나'라고 생각했다. 하지만 내게는 부단히 노력해도 싫은 일을 참으면서 계속할 만한 능력이 없었다. 결국 나는 직장을 계속 옮겨 다녀야만 했다.

물론 아버지의 말씀에는 옳은 점도 있다. 하지만 옳은 것과는 별개로 나와 맞지 않는 것도 있었다. 아무리 몸에 좋은 음식이라도 먹기 싫으면 그만인 것처럼.

나는 치유되는 과정에서 나를 불행하게 만드는 신념의 존재를 깨달았다. '일한다는 것이 꼭 싫은 걸 참는 게 아닐지도 몰라……' 하는 생각이 들자 마음이 한결 편안해졌고, 지금의 일을 만나게 되었다. 아마 이전의 신념에만 계속 사로잡혀 있었다면 지금도 여러 직장을 전전하고 있었을 것이다.

내 경험을 통해 하고 싶은 이야기는 '그러니까 하기 싫은 일 때려치우고, 좋아하는 일을 시작해!'가 아니다. 불행한 생활을 하게 만든 신념을 생각해보고 버릴 것과 취할 것을 생각해보라는 것이다.

자신의 신념을 알아보는 방법

이제 나는 조금이라도 위화감이 느껴지는 일이 생기면 다음의 질문을 떠올린다.

"이것을 하면 행복해질 수 있을까?"

어쩌면 너무 단순해서 자주 생각하지 않는 문제일지도 모르겠다. 구체적인 사례를 들어보자.

'뉴스를 보면 행복해질 수 있을까?'
'신문을 읽으면 행복해질 수 있을까?'
'싫어하는 일이라도 참고 계속하면 행복해질 수 있을까?'

대답은 사람마다 다를 것이다. 뉴스를 봐야 행복한 사람도 있고, 보지 않는 편이 행복한 사람도 있다. 신문을 읽어야 행복한 사람도 있고, 읽지 않는 편이 행복한 사람도 있다. 싫어하는 일이라도 참고 해야 행복할 수도 있고, 참지 않아야 행복할 수도 있다. 지금 당신이 매일 하는 일 중에서 위화감이 드는 일은 없는가? 지금 하는 일이 당신을 정말 행복하게 하는가?

× TIP ×

"'취미 하나 정도는 있어야지'라고 말하는 사람이 가진
취미는 어쩐지 흥미로워 보이지 않는다."

05

고민을 줄이는

긍정적이고

적극적인 일들

✖

지금까지 이 책을 읽으며 어떤 생각이 들었는가. '고민의 대상
이 될 수 있는 문제를 고민해야 한다' '항상 긍정적인 것을 의
식해야 한다' '자신이 행복해질 수 있는 일을 해야 한다'라는
말에 여러 생각이 들었을 것이다.

지금까지 책을 읽고도 고민의 대상이 될 수 없는 문제를 끌
어안고 끙끙거리거나, 부정적인 것들만 의식하거나, 이상한
신념에 사로잡혀 벗어나지 못할 수도 있다. 그럴 때 우리는 다
음과 같이 자책한다.

"내가 지금 뭘 하는 거지. 자꾸만 좋지 않은 쪽으로 생각하면 안 되지.
생각을 좋은 쪽으로 돌려야 돼."

그러면서 긍정적이고 적극적인 마음을 갖기 위해 노력할
것이다. 하지만 이런 노력은 잘 안 될 때가 많다. 많은 사람이
지금 느끼는 감정을 바꾸고 싶을 때 'A라고 생각하면 안 돼, B
라고 생각해야 돼'라며 자책하는 방법을 사용한다. 사실 매우
부자연스러운 행동이다. 어떤 감정이든 그 감정은 항상 옳기
때문이다.

예를 들어 보자. 기온이 15도인 날, 당신은 덥다고 생각했고,
친구는 춥다고 생각했다. 이 상황에서 누가 옳고 그르다고 말

할 수 있을까? 마찬가지다. 'A라고 생각하면 안 돼, B라고 생각해야 돼'는 '15도일 때는 덥다고 하면 안 돼, 춥다고 해야 돼'라고 하는 것과 같다. 아무리 봐도 부자연스럽다. 덥다고 느껴져 덥다고 했을 뿐이니 잘못되었다는 말을 들을 이유가 없다.

　만약 당신의 기분이 좋지 않다면 그럴 만한 이유가 있는 것이다. '저 사람은 마음에 안 들어'라는 생각이 든다면, 그렇게 생각한 이유가 있을 것이다. 당신이 느끼는 감정, 그 자체는 결코 잘못되지 않았다.

불쾌한 감정을
인정하자

당신이 느끼는 'A'라는 감정이 불쾌해 앞으로 그런 감정을 느끼고 싶지 않다면 어떻게 해야 할까? 그럴 때는 불쾌한 감정을 없애는 대신, 자신이 느끼는 감정의 일부로 자연스럽게 받아들이자. 이것이 문제를 해결하는 시작점이다. 마음의 고민은 몸의 질병과 비슷하다. 몸이 보내는 SOS이다. 상태가 좋지 않다는 신호를 계속 무시하면 종국에는 병을 키울 수밖에 없다.

　마음의 고민도 마찬가지다. 불쾌한 감정을 무시하는 것은 문제를 키우는 시작이 된다. 그 존재를 무시한 채 없애버리고 싶은 마음을 계속 가지고 있으면 오히려 그 존재가 강하게 드러난다. 결국에는 마음의 고민 형태로 드러나는 것이다.

감정을 언어로
표현해보자

'A라고 생각하면 안 돼, B라고 생각해야 돼'라는 태도는 A의 존재를 부정하는 것이라 역효과만 낳는다. 대신 스스로에게 다음과 같이 말해보자.

> "지금은 'A'이지만, 'B'이고 싶은 마음도 있어."

> 예를 들면 이런 것이다.

> "지금은 기분이 꿀꿀하지만 나아지고 싶은 마음도 있어."
> "지금은 저 인간이 너무 마음에 안 들지만 차차 잘 지내고 싶은 마음도 있어."

자신의 감정을 부정하지 않고 있는 그대로 드러내는 것이다. 우리의 감정은 하나로만 결정되지 않는다. 여러 감정이 복합적으로 얽혀 있을 때 보다 자연스럽다.

학교를 배경으로 한 드라마만 봐도 알 수 있다. 주위 사람들에게 끊임없이 부정당해 엇나간 학생을 선도할 때는 부정이 아닌 그의 존재 자체를 인정하는 방법이 효과적이다. 불쾌하게 느껴지는 감정 'A'의 존재를 인정하면, 그 감정 역시 당신에게 협조할 것이다. 당신이 긍정적이고 적극적인 마음을 갖는 데 도움을 줄 것이다.

× TIP ×

"'생각하면 안 돼'라고 생각하기보다 '이런 생각들도 괜찮아'라고 생각하자"

chapter 03.

노력해야 한다는
강박을 지닌
고민메이커의 심리

01

갈등하다가

늪에 빠지는

고민메이커들

✕

생각만 하다가
아무것도 못하는 사람들

휴일 전날까지는 '이것도 해두고, 저것도 해두어야지'라고 생각하지만, 결국 아무것도 하지 못하는 사람들이 많다. '집에서 적당히 뒹굴뒹굴하며 시간을 보내는 것이 고민'이라며 상담을 받으러 오는 사람들도 꽤 된다. 특히 취업한 지 얼마 안 된 젊은 사람들에게서 많이 관찰되는 고민이다.

나도 한때 이런 고민을 했었다.

그러던 어느 날, 스포츠 뉴스를 보다가 갑자기 좋은 생각이 떠올랐다. 야구든 축구든 경기를 보고 있으면 간혹 해설자가 이런 말을 한다.

"이것으로 경기의 흐름이 완전히 바뀌었네요."

그렇다면 일상생활에서도 흐름을 바꾸는 '지점'이 있지 않을까. 종일 기합을 잔뜩 넣고 완벽한 하루를 보내기는 어렵지만, '흐름을 바꾸는 지점에 주목하여 하루를 계획하면 그날은 잘 보낼 수 있지 않을까' 하는 생각이 들었다. 그래서 집에서 뒹굴뒹굴하며 보내는 하루 패턴을 떠올려봤다.

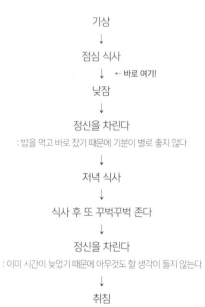

<집에서 적당히 뒹굴며 보내는 하루>

기상
↓
점심 식사
↓　← 바로 여기!
낮잠
↓
정신을 차린다
: 밥을 먹고 바로 잤기 때문에 기분이 별로 좋지 않다
↓
저녁 식사
↓
식사 후 또 꾸벅꾸벅 존다
↓
정신을 차린다
: 이미 시간이 늦었기 때문에 아무것도 할 생각이 들지 않는다
↓
취침

　　정리한 내용을 보면 하루의 흐름을 바꿀 만한 지점이 '점심 식사 이후'임을 알 수 있다. 낮잠을 자지 않는다면 하루를 충실하게 잘 보낼 수 있다.

갈등을 극복하기보다
갈등 자체가 발생하지 않도록 한다

하지만 '점심을 먹고 낮잠을 자지 말자!'라는 목표를 세우는 것은 별로 좋은 방법이 아니다. 광고에서 '절대 보지 마세요!'라는 말을 들으면 왠지 모르게 더 궁금해져서 보고 싶어지지 않는가. '낮잠을 자지 말자!'라는 목표를 세우면 낮잠을 더 의식해 역효과가 생길 수 있다.

현실적으로 쉬는 날 점심을 배부르게 먹은 상태에서 '낮잠 자고 싶다. 아니야 그러면 안 돼……'와 같은 갈등을 참아내기란 너무 힘들지 않은가. 이런 갈등 상황을 잘 이겨 낼 수 있는 사람이라면 애초에 하루를 뒹굴뒹굴하며 보내지 않았을 것이다.

결국 이 상황에서 가장 좋은 대처 방법은 '낮잠 자고 싶다. 아니야, 그러면 안 돼……'와 같은 갈등 자체가 발생하지 않도록 하는 것이다. 낮잠은 집에 있어서 자는 것이니까, 집에 있지 않으면 겪지 않을 갈등이다.

하루의 흐름을
결정하는 지점을 찾는다

나는 낮잠 자는 상황을 피하기 위해 점심 식사 전에 외출하는 것을 택했다. 낮잠을 자지 않기 위해 애써 노력하거나 기합을 넣으며 '낮잠을 자지 말자'라고 반복해서 다짐하지 않았다. 그 저 온 힘을 다해 '점심 식사 전에 외출하는 것'만 생각했다.

외출 자체가 목적이었기에 '근처 카페라도 가지 뭐' 하는 가 벼운 마음으로 늘 집을 나섰다. 그렇게 하다보니 그날 하루를 알차게 보낼 수 있었다. 이제 나는 휴일을 잘 보내고 싶을 때면 항상 이렇게 생각한다.

'점심 먹기 전까지 외출하기만 하면 완벽해. 그다음에는 어떻게든 될 거야.'

당신에게 하루의 흐름을 결정하는 지점은 언제인가. 그리고 그때 무엇을 할지 고민해보길 바란다.

───────────────────────────── ×*TIP*×

"갈등을 '견디려고' 하지 마라. 갈등은 '일어나지 않도록' 해야 한다."

02

자기혐오에 빠져

고민하는

사람들

✖

'집에서 시험공부를 하려고 했는데 잘 안 된다.'
'불륜 관계를 정리하려고 했는데 못하겠어.'

하려고 혹은 그만두려고 하는 일이 잘 되지 않으면 실망할 수밖에 없다. '아, 또. 난 정말 뭘 해도 안 돼' 하면서 자기혐오에 빠진 상태가 바로 이런 모습이다.

그동안 자기혐오에 빠져 상황이 전혀 개선되지 않아 힘들었던 경우는 없었는가. 흔한 예로 집에서 시험공부를 하려고 하는데, 잘 안 되는 경우가 그렇다.

<'공부하자'라고 생각했을 때의 자기혐오>

이 순환 고리를 끊으려면 자기혐오를 하지 않는 것이 중요하다. 성실한 사람은 이렇게 반박할지도 모른다. '자기혐오는 필

요해! 그렇지 않으면 자기반성도 없고, 부족한 부분을 고칠 수도 없잖아!' 그러나 '자기혐오'는 그렇게 만만한 상대가 아니다.

자기혐오는
변하지 않도록 애쓰게 한다

자기혐오가 까다로운 상대인 이유는 언뜻 보면 반성하는 태도처럼 보이지만, 실제로는 진실한 반성이 아니기 때문이다. '불륜 관계를 정리하려고 하는데 못하겠어'라는 말은 어떤 설명을 붙여도 '불륜 중'임에는 변함이 없다.

이런 상황에서 고민하는 이유는 불륜을 저지르는 자신을 인정할 수 없거나 '나는 불륜 따위 하지 않아, 나는 좋은 사람이야'라고 생각하고 싶어서다.

자기혐오란 일종의 '양다리를 걸치고 있는 상태'이다. 현실에서는 불륜을 저지르고 있으면서 '나는 불륜 따위 하지 않아, 나는 좋은 사람이거든'이라고 생각하면서 자신에게 희망을 품는 것이다.

'집에서 시험공부를 하려고 하는데 잘 안 된다'는 것도 마찬가지다. 실제로는 제대로 공부하고 있지 않지만 '나는 열심히 공부하는 사람이지'라고 생각하고 싶은 것이다. 하고 싶은 대로 하면서도 희망적인 생각은 품을 수 있으니 말 그대로 양다리를 걸친 상태이다.

결국 자기혐오란 '제멋대로 굴면서 스스로를 위로하고 있는 상황'이다. 어떤가. 반성과는 정반대의 태도로 보이지 않는가? 당신은 자기혐오에 빠져서 '자신이 변하지 않도록' 애쓰고 있지 않은가?

상담을 하다보면 충분히 열심히 하는 것 같은데도 노력이 부족해서 큰일이라는 사람을 만난다. 정말 그럴까? 노력이 부족하면 큰일이 날까? 열심히 하지 않으면 정말 인생을 잘살 수 없는 것일까? 다음 질문을 생각해보자.

> 질문 ①.
> 내일이 시험이다. 출제 범위는 교과서 100쪽 분량에 달한다. 다음 A와 B 중 어떻게 하는 편이 더 높은 점수를 받을 수 있을까?
> A. 100쪽을 다 공부한다.　B. 10쪽만 공부한다.

이때 당신이라면 어떻게 하겠는가. A를 고르는 편이 좋을 것 같지 않은가? 완벽하게 좋은 방법이라고는 할 수 없을지 몰라도 괜찮은 선택처럼 보인다. 노력한 만큼 '결과=고득점'이라는 결과가 나온다면 말이다. 그럼 다음 질문을 보자.

> 질문 ②.
> 회사의 같은 부서에 마음에 드는 이성이 있다. 어떻게 행동해야 그 사람과 사귈 수 있는 기회를 얻겠는가?
> A. 그 사람의 마음에 들도록 노력한다.　B. 아무것도 하지 않는다.

이 질문에는 답변하기가 좀 애매할 것이다. 교제는 혼자 열심히 한다고 해서 가능한 것이 아니기 때문이다. 아무리 노력해도 사귀지 못할 수도 있고, 별로 한 것이 없지만 사귀게 될 수도 있다. 노력의 양과 결과(사귀게 되는 것)가 반드시 비례하지 않기 때문에, 질문①에 비해 노력과 결과의 상관관계가 성립되지 않는다.

하지만 아무 행동도 하지 않는 것보다는 상대의 호감을 사기 위해 의식적으로 노력하는 편이 교제의 가능성을 높일 테니 A를 고르는 것이 좋을지도 모른다. 그렇다면 세 번째 질문.

질문 ③.
당신은 행복해지고 싶다. 그렇다면 A와 B 중, 어느 쪽을 선택할 것인가?
A. 열심히 노력한다.　　B. 열심히 노력하지 않는다.

아마 A를 선택한 사람이 많을 것이다. 사실 단정 지어 대답하기는 어렵다. 다만 열심히 노력하면 달성할 수 있는 일이 늘어나 기쁨을 더 느낄 수 있을 것이다.

하지만 사람은 정말 좋아하는 것은 열심히 노력하지 않아도 할 수 있다. 무언가 열심히 노력한다는 것은 하기 싫은 일을 하고 있을 때가 많다. 다음 문장을 읽어 보라. 어떤 느낌이 드는가?

'아주 좋아하는 멜론을 열심히 노력해서 먹고 있다.'

어딘가 부자연스럽지 않은가? 좋아하는 음식을 열심히 노력해서 먹을 필요는 없다. 여기에는 신이 나서 먹는 모습이 더자연스럽다. 이 문장이 문맥에 맞으려면 '먹고 있는 멜론의 양이 매우 많은 상황'이거나 '이미 배가 부른데 무리해서 먹는 상황'이다. 그렇다면 다음의 문장은 어떤가?

'그 남자와 열심히 노력해서 데이트한다.'

상황은 여러 가지일 수 있다. 여자가 남자의 기분을 좋게 하려고 평소보다 데이트에 공을 들이는 상황이거나 바쁘거나 몸이 좋지 않은데도 일부러 시간을 내 남자와 만나는 상황일 수도 있다. 어쩌면 별로 좋아하지 않는 남자인데 무리하게 데이트를 하는 상황일 수도 있다.

열심히 노력한다는 말의
숨은 의미

열심히 노력한다는 말에는 '무리'라는 뜻도 들어 있다. 열심히 노력한다는 것은 '자신의 속도에 맞춰서 하고 싶다' '다른 일을 하고 싶다' '하기 싫다' 등의 감정을 억누른 채 무리하게 일을 하는 상황이다. 보상이 눈에 보이거나 다른 사람들에게 좋은 평가를 받는 상황이 아니어도 절로 마음이 동해 하는 일이 '정말로 좋아하는 일'이다. 정말로 좋아하는 일을 많이 할 수 있어야 행복한 사람이 아닐까.

그렇다면 열심히 노력해야 하는 인생이란, 행복한 인생이라고는 할 수 없을지도 모른다. 열심히 노력한다는 것은 '별로 하고 싶지 않은 일을 무리하게' 하는 것일 테니 말이다. 나의 이런 의견이 분명 불쾌하게 들리는 사람도 있을 것이다.

"그럼 어쩌라고? 열심히 노력하지 않아도 된다는 거야? 말도 안 되는 소리 하고 있네! 별로 하고 싶지 않은 일을 무리해서 해도, 결과적으로 목표를 이루거나 상대에게 만족을 준다면 그 자체로 보상을 얻은 것 아니야?"

그렇게 생각한다면 다음의 경우는 어떨까.

열심히 노력하면
대가를 바라게 된다

주변으로부터 '붙을 리가 없어'라는 말을 듣던 학생이 고등학교 3년 동안 아주 열심히 공부해서 국내 최고의 대학에 입학했다고 치자. 그에게는 대학에 합격한 순간이 행복의 절정이었을 것이다. 잠을 줄이고, 놀러가고 싶은 마음을 참으며 공부한 3년의 세월에 대한 충분한 보상을 얻었을 것이다. 그간의 희생만큼이나 기쁨도 클 것이다.

하지만 엄청난 노력을 들여 얻은 성공일수록 그로 인한 그림자도 크기 마련이다. '이 정도로 고생했으니까……'라며 고생에 대한 보상을 원할 것이다. 이후 그가 인생에서 난관을 겪게 된다면, 한 예로 납득하기 어려운 수준의 직장을 얻거나 수입이 충분하지 않은 경우 '최고의 대학을 나왔는데 왜……'라는 생각이 들어 괴로워질 수 있다.

나도 이와 비슷한 경험이 있다. 무직 생활을 청산하고자 나는 무턱대고 영어 공부를 시작했다. 처음 1년 동안은 아르바이트하면서 어학연수 비용을 모았고, 매일 5시간씩 영어 공부를 했다. 애초에 영어를 잘하지 못했기 때문에 아침 일찍 일어나서 중학생 수준의 어휘와 문법부터 다시 공부했다. 그 후 1년 동안 어학연수를 다녀온 뒤 토익 시험에서 850점을 맞았다. 살면서 가장 열심히 노력한 2년이었다.

그 후 나는 어떻게 되었을까. 나는 그 뒤로 1년 4개월 동안 집 밖을 나가지 않았다. 상태는 이전보다 더 안 좋아졌다. 내가 두문불출했던 이유는 '취직이 안 돼서'였지만 지금 돌아보면 '그렇게 자신을 채찍질하고 희생하면서 공부했는데……'라는 생각이 들어 백수인 상황이 더 괴로워졌기 때문이다.

노력에 비해 결과가 나쁘면
자책하게 된다

열심히 노력해서 영어를 공부한 것은 내게는 귀중한 성공 체험이다. 주위 사람들에게 칭찬도 받았고 자신감도 생기고 그 외에도 많은 것을 얻었다.

하지만 넓은 시각에서 냉정하게 생각해보면, 열심히 노력해서 얻은 것이 내겐 맞지 않는 옷 같았다. 분에 넘치는 것으로 느껴졌고 잘 활용하지 못한다는 느낌도 들었다.

당신에게는 그런 경험이 없는가. 열심히 노력해서 손에 넣은 것이 시간이 흐른 뒤에는 원래 상태로 돌아가버리거나 전보다 나쁜 결과를 가져다준 적이 없었는가.

흔한 예로 다이어트가 그럴 것이다. 처음에는 열심히 노력해서 일시적으로 살이 빠지지만 조금만 손을 놓으면 다시 원래대로 돌아가거나 요요 현상으로 인해 오히려 살이 더 찌기 마련이다. 게다가 한번 제대로 살을 빼고 나면 '말랐을 때의 몸무게가 가장 이상적인 체중'이라는 생각에 심한 자책을 할 수도 있다.

× TIP ×

'열심히 노력한다'는 것은 삶을 행복하게 할 수도 있지만, 이면에 그림자도 가지고 있다.

04

노력의 대상을

제한하면

고민이 줄어든다

✖

열심히 노력하지 않으면
행복해질 수 없다고?

노력이 행복과 관계가 없다고 할 수는 없으나, 행복을 좌우하는 결정적인 요인은 아니다. 흔히 생각하는 것만큼 노력과 행복의 상관관계가 뚜렷하지 않다.

하지만 대부분의 사람이 '열심히 노력하지 않으면 행복해질 수 없다'고 생각한다. 우리는 자라는 내내 '열심히 노력하라'는 말을 들었기 때문이다. 부모님, 선생님, 텔레비전, 영화, 어린 시절에 들은 옛날이야기까지도 '열심히 노력하면 좋은 일이 생긴다'고 하니 당연히 노력할 수밖에 없다.

전에는 나도 '열심히 노력하면 행복해질 수 있다'는 믿음을 가지고 살았다. 지금보다 더 고민에 휘둘리며 살았을 때도 많은 노력을 하며 살았다. 그런데 그 시절, 나는 행복하지 않았다. 무엇이 문제였을까?

'무엇을 위해'
노력하는지가 중요하다

사실 '열심히 노력'하는 것 자체는 나쁘지 않다. 문제는 '무엇'을 열심히 노력하는가이다.

우리 사회는 노력에 대해 이야기할 때 'How(얼마나, 또는 어떻게)'

에 대한 이야기는 자주하지만, 'What(무엇에, 무엇을)'에 대한 논의는 하지 않는다. 무엇이든 열심히 노력하기만 하면 된다는 생각이 널리 퍼져 있다. 심지어 그렇게 하지 않으면 안 된다는 죄책감마저 조성한다.

사실 무엇이든 열심히 노력한다고 해서 다 되는 것은 아니다. 자신이 원하지 않는 일을 하거나 사람들의 평가를 신경 쓰는 등 '자기 기준'을 세우지 못한 채 노력만 하는 것은 비극이나 다름없다. 나는 영어를 싫어했음에도 불구하고 취직 때문에, 남들에게 좋은 평가를 받고 싶어서 열심히 했다. 지금도 영어는 별로 좋아하지 않는다. 당시 취직에 성공했다고 해도 좋아하지도 않는 영어를 써야 하는 일은 길게 하지 못했을 것이다.

국내 최고의 대학에 붙은 학생 역시 그 학교에 가고 싶어 노력한 것이라면 괜찮지만, 부모의 기대에 부응하기 위해서였다면 이후의 대학 생활은 괴로워질 수 있다.

자기 기준이 어떤지 고려하지 않고 결정을 내렸다면, 이후 열심히 노력해서 목표를 성취했다고 해도 장기적인 관점에서 보면 그 이후의 삶이 꼭 순탄하지만은 않다.

인생에는 하고 싶지 않은 일이라도 해야 할 때가 있다. 하기 싫어도 막상 하지 않으면 더 괴로워지는 일도 있다. 하고 싶지 않지만 열심히 노력하지 않으면 안 되는 경우도 있다.

하지만 그런 경우에라도 가능한 자신의 기준을 의식해서 열심히 노력할 대상을 선택해야 한다.

무엇을 열심히
노력하면 좋을까

나는 덮어놓고 '무엇이든지'가 아닌, '무엇'을 열심히 노력해야 행복해질 수 있는지 확인해보기로 했다. 그러기 위해서 먼저 '전혀 열심히 노력하지 않는' 생활을 해보았다. 그러자 이유는 명확히 설명할 수 없지만 어딘가 부족함이 느껴졌다. 스트레스는 적지만, 현재 상황을 유지하게 될 뿐 삶의 반경이 넓어지지는 않았다. 그것이 나중에는 결국 불만이 되었다.

그다음에는 열심히 노력하는 대상을 제한해보기로 했다. 일단은 두 가지 일에 대해서만 열심히 노력해보기로 했다. 그러자 하루하루 삶의 균형이 잡혀 간다는 느낌을 받았다. 그때 내가 열심히 노력한 일은 다음의 두 가지이다.

① 새로운 것을 시작할 때

새로운 일을 시작한다는 것은 사실 귀찮은 일이다. 하지만 일단 의욕이 없어도 처음 한 번은 열심히 노력해보기로 했다. 그렇게 하지 않으면 눈앞에 펼쳐질 새로운 세상을 볼 수 없기 때문이다.

조깅을 예로 들어 보자. 조깅을 처음 할 때 '오늘부터 3개월 동안은 매일 뛰는 거야'라고 다짐하는 대신 '오늘 하루만 일단 해보자. 그것으로도 충분해'라고 하는 편이 심리적인 저항을 줄였다. 이 단계에서의 목표는 지속이 아니라 시작하는 것이기 때문이다. 만약 한 번 해봤는데 별로 느낌이 좋지 않았다면? 그때는 얼마든지 그만두면 된다!

② 무엇인가를 계속하고 싶을 때

예를 들어 '영어 공부를 계속해야지'라고 생각했다면 열심히 노력하지 않더라도 공부할 수 있는 횟수와 시간을 정한다. 매일 하는 것이 무리라면 일주일에 세 번 정도 한다는 식으로 정해도 좋다. 그렇게 습관을 들이다보면 나중에는 노력하지 않아도 자연히 하게 된다.

　여기서 오해하지 말아야 할 것은 앞에서 소개한 두 가지를 열심히 해야 행복해진다는 말이 아니다. 무엇을 열심히 노력해야 삶의 균형이 잡히는가는 사람마다 다르다. 전혀 노력하지 않는 편이 행복한 사람도 있고, 다섯 가지 일을 열심히 해야 행복한 사람도 있다.

× TIP ×

"당신은 열심히 노력하지 않아서 고민인가,
아니면 무엇이든 열심히 노력하고 있어서 고민인가.
'무엇을' 열심히 노력할 것인가는 당신이 결정할 문제
다."

chapter 04.

자신감이 없어
고민을 만드는
고민메이커의 심리

01

부족한 모습을

유난히 크게

생각하는 사람들

다음 그림을 보라. 어떤 부분이 가장 신경 쓰이는가?

　아마도 부족한 부분일 것이다. 그 점만 제외하면 완벽한 사과임에도 우리의 시선이 자꾸만 부족한 부분을 향하는 것은 왜일까.

　우리가 자신을 생각할 때도 마찬가지다. 자신을 생각할 때 이상하게도 부족한 부분만 자꾸 생각하지 않는가. 돈이 '없어', 시간이 '없어', 예쁘지 멋지지 '않아'…… 등. 자신에게 없는 것이나 불가능한 것들을 떠올리면서 불안해한 경험이 있을 것이다. 특히 밤에 혼자서 이런저런 생각에 잠겼을 때는 더할 것이다.

사람은 부족한 부분에 집중하기 쉬워 자신에게 '없는' 것에 두려움이나 혐오를 갖는다. 하지만 나는 어느 책에서 다음과 같은 내용을 읽고 '없음'에 대한 생각이 완전히 달라졌다.

미국을 대표하는 저널리스트 빌 모이어스Bill Moyers가 '결점이 있기에 그 사람을 사랑할 수 있다는 것은 무슨 의미인가'라고 질문하자, 세계적인 신화학자 조셉 캠벨Joseph Campbell은 다음과 같이 대답했다.

"아이들이 귀여운 것은 쉽게 넘어지고, 작은 체구에 어울리지 않는 큰 머리를 가지고 있기 때문이 아닌가요? 월트 디즈니는 그 사실을 확실히 알았기 때문에 7명의 난쟁이를 그렇게 그려냈던 것이지요. 신체 비율이 이상하지만 사람들이 좋아하는 작은 애완견 역시 불완전함을 갖고 있으니까 귀여운 것이죠."

빌 모이어스는 이어서 말했다.

"완전한 인간이 정말 존재한다면 별로 흥미롭지 않은 대상이 될 거란 말씀입니까?"

조셉 캠벨은 대답했다.

"그렇겠죠. 인간답지 않을 테니 말입니다. 인간의 배꼽처럼 중심적인 요소, 그러니까 인간성 때문에 인간은 초자연적이지도 않고, 불사나 불멸의 존재도 아닌 인간다운 존재가 될 수 있는것이지요. 바로 그 점이

사랑스러운 것입니다. "(후략)

- 조성 캠벨·빌 모이어스, 《신화의 힘》

이 부분을 읽으면서 나는 무릎을 탁 쳤다. 생각해보니 사람들이 사랑스럽다고 생각하는 대상은 불완전함을 가진 존재였다. 부족한 부분이 크면 오히려 다른 이들에게 사랑받을 수 있었다.

또한 아기는 그야말로 '없음/못 함' 그 자체다. 말도 못하고 걷지도 못하고 혼자서 먹지도 못하는 등 할 수 있는 것이 아무것도 없는데 사랑스럽기만 하다. 이것이야말로 '완벽한 불완전함'이 아닐까.

'더 ~ 한다면'이라는
가정은 필요 없다

사람이 그리워질 때면 우리는 다음과 같은 생각을 하게 된다.

"살을 더 뺀다면 인기가 많아질지도 몰라."
"성격이 더 밝아진다면 친구가 많아질지도 몰라."
"일을 더 잘하면 모두가 좋아해줄지도 몰라."

사람들은 지금보다 무엇인가 더 많아지면, 능력이 생기면 사람들에게 사랑받을 것이라고 생각한다. 조셉 캠벨은 이런 생각이 잘못되었다고 지적한다.

'할 수 있는 것' '가지고 있는 것' 때문에 사랑받는 것이 아니라 '못 하는 것' '가지고 있지 않은 것' 때문에 사랑받는 것이라고 말한다. 미키 마우스가 9등신 몸매에 끝내주는 스타일을 가졌다면 어땠을까? 아마도 전혀 귀엽게 느껴지지 않을 것이다.

02

단점 때문에

고민이 많은

고민메이커

✕

한 프로그램에 우울증 때문에 1년 이상 휴직을 한 아버지가
나온 적이 있는데, 그 가족들이 식사하는 모습을 보고 어쩐지
쓴웃음이 나왔다. 그때 이런 내레이션이 흘러나왔다.

"아버지가 우울증에 걸린 뒤, 딸이 더욱 활달해졌습니다."

나는 그 가족의 상황이 안타까웠다. 딸아이의 모습이 마치
내 모습 같았다.

딸은 무의식적으로 가족 간의 균형을 잡으려고 노력했다.
아직 나이가 어린데도 가족들의 기분을 밝게 해주려 애쓰고
있었다. 나 역시 그랬다. 어린 시절, 가족들 간에 어색하거나
우울한 분위기가 있었는데 그럴 때면 항상 분위기를 띄우려
고 일부러 밝게, 활달하게 행동했다. 그래서 프로그램에 나온
아이의 마음을 십분 이해할 수 있었다.

문제는 이렇게 몸에 밴 습관은 어른이 되어도 쉽게 사라지
지 않는다. 나의 경우 주위 사람들을 민감하게 살피면서 균형
을 잡는 습관을 버리지 못해 괴로운 나날을 보내야 했다. 그렇
다면 몸에 밴 습관을 고치지 못하면 왜 괴로워질까.

사실 가정 내에서만 저렇게 행동한다면 큰 문제가 되지 않
는다. 가족들은 습관을 알고 있고, 거기에 고마움을 갖기 때문

에 마음의 보상을 얻었다는 기분이 든다.

하지만 가정 이외의 장소에서는 그렇지 않다. 습관대로 행동해도 주위 사람들은 생판 남이라 내가 기대한 것만큼 고마워하지 않는다. 회사에서도 마찬가지다. 주위 사람들을 신경 쓰며 균형을 맞추려 노력해도 상사나 동료들이 알아주거나 좋은 평가를 해주기란 쉽지 않다. 결국 아무리 노력해도 보상받지 못한다는 느낌에 지치고 만다.

자신의 오래된 습관으로 힘들어지면 '주위 사람들에게 신경을 너무 많이 쓴다' '자신의 존재감이 희미하다'라고 생각한다. 또 그 습관을 자신의 단점으로 여겨 더욱 힘들어한다.

단점과 장점은
결국 동전의 양면

단점은 상황이 바뀌면 좋은 특성이 되기도 한다. 나의 경우, 주위를 배려해서 밝게 행동한다는 점이 많은 사람들과 즐겁게 노는 상황에서 도움이 되었다. 주위 사람들은 이런 나를 '재미있는 사람'이라 여겨 다시 만나고 싶다는 생각을 할 것이다. 덕분에 나는 이런 크고 작은 모임을 통해 다양한 인간관계를 맺게 되었다. 주위 사람들의 생각과 감정을 예민하게 파악한다는 점도 심리 상담을 하는 데 큰 도움이 된다.

따지고 보면 내가 이 일을 하게 된 것도 한 친구의 말 때문이었다. 쉽게 상처를 받는 데다, 무슨 일을 해도 오래하지 못하고 취업도 잘되지 않으니 한 번은 친구가 이런 말을 했다.

"너는 감수성이 풍부하니까 그런 점을 살릴 수 있는 일을 해보면 좋을 것 같은데……."

그냥 한마디 툭 던진 것일 수도 있지만, 내게는 그 말이 충격으로 다가왔다. 그는 내가 단점이라고 여긴 쉽게 상처받는 특성을 '감수성이 풍부하다'고 표현했다. 그러자 이런 생각이 들었다.

'그래, 나는 감수성이 풍부한 거야!'
'그렇다면 풍부한 감수성을 살릴 수 있는 일을 하면 되겠구나!'

그 순간 단점과 장점이 결국 같은 것을 가리킨다는 것을 깨달았다. 끊임없이 나를 괴롭히던 단점도 상황이 달라지면 장점이 될 수 있었다. 이후 내 인생은 조금씩 변해 갔다.

단점으로 고민하기보다
단점을 살리는 쪽으로

몸에 밴 습관을 삶의 전반에 걸쳐 적용하려고 하면 힘들다. 대신 상황을 선택해 사용하면 능력이 될 수 있다. 어려서부터 몸에 밴 습관은 굉장히 높은 수준의 능력이다. 한 예로 바이올린을 떠올려보자. 어려서부터 바이올린을 배웠다면 성인이 되어 시작한 사람보다 훨씬 더 높은 수준의 능력을 갖기 마련이다.

습관도 마찬가지다. 어려서부터 주위 사람들을 신경 써왔다면 몸에 확실히 배어 있을 것이다. 아무도 신경 쓰지 않는 작은 부분까지 눈에 들어올 것이다. 위기를 피해야 하는 상황, 특히 중요한 손님을 접대해야 할 때 이 능력은 큰 도움이 될 것이다.

당신이 단점이라고 생각한 습관에는 어떤 것이 있는가. 그 단점이 언제, 어디서 도움이 될지 한 번 생각해보자.

× TIP ×

"결국 단점의 숫자만큼 장점이 있는 것이다."

03

고민메이커에게

필요한

자신감 업

근거 없는 자신감에도
근거는 있다

노래나 영화, 책을 보면 '자신을 믿어라!'는 메시지가 자주 나온다. 그만큼 자신감을 갖고 싶지만 갖지 못한 사람이 많아서가 아닐까. 자신감은 눈으로는 볼 수 없지만 그것의 유무에 따라 인생이 크게 달라진다.

주위를 살펴보자. 자신감이 있는 사람은 같은 일을 해도 성과가 더 크다. 사람들 앞에서 말을 할 때도 마찬가지다. 자신감이 있는 사람과 없는 사람은 같은 내용을 전달하더라도 차이가 느껴진다. 자신감을 가지고 한 사람의 말이 더욱 설득력 있게 들린다. 그렇다면 어떻게 해야 자신감을 가질 수 있을까. 주위에 혹시 이런 사람이 있지 않은가?

"근거는 없지만 자신 있어요."

자신감이 부족한 사람이 보기에는 부러운 상황일 수 있다. 어떻게 하면 저런 말을 할 수 있을까 싶기도 하다. 최근에 나는 그렇게 말하는 사람들에게 묻고 싶어졌다. 근거가 없다고 하는데 정말 그런지 묻고 싶다. 어떤 자신감이든 반드시 '근거가 있지 않을까' 하는 생각이 들기 때문이다. 예를 들어 지금까지 한 번도 줄타기를 해본 적 없는 사람에게 '3개월 후에 30미터 줄타기에 성공하라'는 과제가 주어졌다고 치자. 그런데 그 사람이 '근거는 없지만 자신 있어요'라고 대답했다면 어떨까.

'근거는 없지만' 하고 대답했지만 실은 어떤 근거가 있어서 자신 있다고 한 것은 아닐까. 한 번도 해본 적 없지만 줄타기에 필요한 자질이 있어서 그렇게 말한 것은 아닐까.

만약 그의 직업이 목수라면 작업 중에 좁은 발판 위를 걸어야 해서 균형 감각에 자신이 있을 수도 있다. 운동 신경이 좋다는 막연한 자신감으로 '줄타기도 할 수 있겠지'라고 생각했을 수도 있다. 균형 감각이나 운동 신경은 없지만 다른 사람의 재주를 잘 흉내 낸다거나, 목표 달성에 자기만의 노하우가 있어 자신이 있을 수도 있다.

이렇게 생각해보면 근거 없는 자신감이란 존재하지 않는 것일지도 모른다. 만약 그에게 '다음 올림픽에 출전해 금메달 3개를 딸 수 있습니까'라고 묻는다면 어떨까. 아마 전과 똑같이 대답하지 못할 것이다.

이렇듯 근거 없는 자신도 상황에 따라 달라진다. 이것은 근거 없는 자신감에도 어느 정도 근거가 있다는 주장을 뒷받침한다. 정말 근거 없는 자신감이 존재한다면 어떤 과제에도 '근거는 없지만 자신 있다!'라고 말할 수 있어야 하지 않을까?

자신감을 찾게 하는
피식 노트

결국 근거 없는 자신감의 정체는 '지금까지는 제대로 해본 적이 없어서 잘 모르지만, 그 일을 하는 데 필요한 자질에 어느 정도 자신이 있는 경우'라고 할 수 있다. 다만 이것을 말로 다 표현하기 힘드니 '근거는 없지만 자신이 있다'라고 할 뿐이다.

근거 없는 자신감에도 근거가 있으니 자신감을 가지려면 역시 근거가 필요하다. 나 역시 그랬다. 직업을 구하지 못했거나 낙담한 상황에서는 자신감의 근거가 될 만한 것을 스스로 찾지 못했다. 그럴 때 도움이 되는 것이 있다. 이름하여 '피식 노트'.

<'피식 노트' 사용법>

첫째, 친구들이 나를 두고 좋게 한 말들을 수집한다. 대화중에 한 말 혹은 문자도 좋다. 그런 부분들을 옮겨 적으면 피식 노트가 완성된다. 간단하지 않은가?

둘째, 매일 피식 노트를 읽으면서 웃는다. 이때 중요한 것은 기쁜 감정을 애써 억누르지 않는 것이다. 그 감정을 충분히 음미해야 한다. 너무도 신이 나 표정 관리가 안 되도 좋다. 환호성을 지르거나 침을 질질 흘려도 괜찮다. 단 남들에게는 그 모습을 들키지 않도록 주의해야 한다.

내가 피식 노트를 만든 계기는 간단하다. 스스로 자신감의 근거를 찾아낼 수 없다면 다른 사람의 눈을 통해 찾으면 된다고 생각했다. 나에 대한 다른 사람들의 좋은 평가를 근거로 자신감을 키우는 것이다. 나는 피식 노트를 만들고 나서 친구들에게 좋은 말을 더 많이 듣게 되었다. 노트를 읽고 기분이 좋아지면 나도 모르게 대화중에 그들의 좋은 점을 말하게 되었기 때문이다. 그러면 친구들도 나에게 좋은 말을 더 많이 해주었다.

고민에 짓눌려 살던 시기, 나는 친구들과 한 달에 한 번도 제대로 만나지 않았다. 휴대 전화가 한 번도 울리지 않은 날도 많았다. 하지만 피식 노트를 만들고 난 뒤로는 친구가 많아졌다.

칭찬을 받아들이는 것도 능력

피식 노트를 쓰다보면 칭찬을 수용하는 데도 도움이 된다. 자신감이 없는 사람은 다른 사람에게 좋은 평가를 받더라도 '아뇨, 아뇨, 제가 무슨……'이라며 손사래 친다. 어떻게 보면 칭찬을 수용하는 것도 하나의 능력이다. 칭찬은 가만히 기다린다고 떨어지지 않는다. 야구 경기의 포수와도 같다. 공이 날아올 때 제대로 글러브를 끼고 있지 않으면 잡을 수 없듯 칭찬도 마찬가지다.

　피식 노트를 사용하면 좋은 평가를 수용하는 훈련을 사람들의 시선이 닿지 않는 곳에서 충분히 할 수 있다. 이렇게 말하면 다들 농담인 줄 아는데 실제 내 경험에서 나온 것이다. 정말이지 한밤중에 혼자서 이상한 표정을 하고 피식피식 웃었다. 당신도 직접 해보면 피식 노트가 가져다줄 기대 이상의 효과를 실감할 수 있을 것이다.

× TIP ×

"글러브를 제대로 끼자. 공은 이미 날아오고 있다."

chapter 05.

인간관계 때문에
고민을 만드는
고민메이커의 심리

01

어려운

상대 때문에

고민이라면

✕

어려운 상대는
어디에나 있다

실제 내 친구의 이야기이다. 인사이동으로 새로운 부서에 갔더니 상대하기 곤란한 사람이 있었다고 한다. 그 사람(편의상 A씨)은 다른 사람의 말을 전혀 들어주지 않는 사람이었다.

A씨는 장기근속 중인 여성으로 그녀에게 누구도 쉽게 이야기를 꺼내지 못했다. 해당 부서 사람들 모두가 A씨를 대하는 문제로 쩔쩔매고 있었던 것이다.

A씨처럼 상대하기 어려운 사람은 어느 회사에나 다 있다. 사적인 관계일 때는 거리를 두면 그만이지만, 회사에서는 적당한 관계를 유지할 필요가 있다. 그러던 와중에 내 친구가 '아주 사소한 것'을 실행에 옮기자, 까칠하던 A씨가 갑자기 봄바람처럼 부드러워졌다고 한다. 여기서 아주 사소한 것은 '애칭(편한 호칭 부르기)'이었다.

보통 회사에서는 사람을 부를 때 '~씨'라고 부르거나 직함을 붙이는 경우가 많다. 하지만 그 친구는 까칠한 A씨에게만 일부러 '~언니'라고 부르기 시작했다. A씨는 평소 다른 사람들에게 거리를 두고, 그런 친근한 호칭으로 불린 적이 없었기에 처음에는 놀랐지만, 말로는 '남사스럽게 왜 그래요'라고 하면서 싫지 않은 표정이었다고 한다.

이 이야기를 듣자 별명 혹은 애칭의 효과가 흥미롭게 다가왔
다. 사람들은 보통 나를 '스기타 씨'라고 부른다. 어릴 때는 '스
기 짱'으로, 유학 중에는 '다카시'라고 불렸다. 몇몇은 '스기 사
마'라고 부르기도 했고, 머리를 빡빡 민 모습에 '스님'이라고
부르는 사람도 있었다. 생각해보니 나를 부르는 호칭은 꽤나
다양했다.

흥미로운 점은 어떻게 불리느냐에 따라 내 모습이 달라졌
다. 동창 모임에서 옛 별명으로 불리면 갑자기 옛날로 돌아간
듯한 기분이 들기 마련이다. 여러 해 동안 만나지 않았더라도
추억의 별명으로 불리면 다시 학생으로 돌아간 것 같은 느낌
이 든다. 집 밖에서는 '~씨'라고 불리다가 집에서 아이들이 '엄
마'라고 부르면 한순간에 엄마가 되어버린다. 호칭에 맞는 역
할을 하게 되는 것이다. 이처럼 어떤 이름으로 불리는지는 상
당히 중요한 의미가 있다.

내 친구가 A씨를 별명으로 부른 것은 장난 같지만 실질적
으로 두 사람의 관계에 도움이 되었다. A씨는 언니로 불리면
서 태도가 부드러워졌다. 별명 하나로 상대에게 지금과는 다
른 역할과 특성을 부여하는 것이 가능해진 사례다.

단, 회사에서는 대하기 어렵거나 싫은 사람이 상사인 경우
가 많고, 또 사람들이 보는 자리에서 별명을 부르기가 쉽지 않

을 것이다. 그럴 때는 친한 사람들과 이야기할 때만이라도 그 사람의 별명을 불러보자. 그마저도 어렵다면 혼자 생각할 때라도 별명으로 불러보자. 그렇게 하면 긴장도 풀리고 무슨 일이 있어도 '뭐, 어쩔 수 없지'라며 넘기게 된다. 더불어 상대의 인상도 조금씩 변해 갈 것이다.

× TIP ×

"당신이 가장 어려워하는 상대는 누구인가?

그 사람에게 어떤 별명을 지어주겠는가?"

02

옳은 소리

하는 사람이

고민이 많은 이유

✕

옳은 소리만으로
사람 마음을 움직일 수 없다

예전에 같이 일하던 직장 동료 중에 좋게 말하면 '정의감'이, 나쁘게 말하면 '참을성'이 부족한 사람이 있었다. 편의상 B씨라고 부르겠다. B씨는 문제가 있다는 사실을 깨달으면 '저 사람은 일을 잘하지 못하니까 어떻게 좀 해봐' '사적인 감정을 섞어서 인사하는 것은 이상해'라며 곧장 윗사람에게 이야기했다. 그가 하는 이야기는 모두 맞는 말이기는 했지만, B씨의 이야기는 누구에게도 잘 받아들여지지 않았다. 오히려 상황이 악화되어 B씨 곁에는 갈등이 끊이지 않았다. 결국 B씨는 불편했는지 사표를 내고 말았다. 이런 B씨의 모습을 보며 나는 다음과 같이 생각했다.

'원론으로는 사람을 움직일 수 없다.'

아마 B씨의 인생은 '나는 맞는 말만 하는데 주위 사람들이 제대로 안 해서 문제야'라며 속상해하는 나날의 연속이지 않을까.

자신이 상대보다 조금이라도 더 옳다는 생각이 들면 원론적인 잣대를 들이대기 쉽다. 이때 자신이 한 이야기를 상대방이 수용하지 않으면 '나는 바른소리를 하는데 못 알아듣는 당신이 나쁜 거야!'라는 논리에 빠진다. 그렇게 되면 그 자리에서 이야기가 바로 종결돼버린다. 자신이 아닌 상대의 문제였다는 결론만 남게 된다. 앞에서 이야기한 것처럼 원론 자체로는 사람을 움직일 수 없다. 설령 그것이 옳다고 하더라도 자꾸 들이밀수록 역효과만 난다.

공감,
사람을 움직이는 힘

그렇다면 '사람을 움직이는 것'은 무엇일까. 다음 대화를 읽고 생각해보자. 당신이라면 두 상황 중 누구의 반응이 더 마음에 드는가?

> 상황 1.
> 나 : 최근 들어 일에 대한 의욕이 안 생겨…….
> 친구 : 그런 말 말고 일단은 일이니까 열심히 해!
>
> 상황 2.
> 나 : 최근 들어 일에 대한 의욕이 안 생겨…….
> 친구 : 그럼, 그럴 때도 있는 법이지.

'상황 1'의 친구는 원론을 말하고 있다. 앞에서도 언급했지만 고민이 있는 사람에게 원론은 큰 도움이 되지 않는다. 반면에 '상황 2'에서는 친구가 공감을 해주고 있다. 상대가 공감해

주면 마음이 가벼워져서 조금은 앞으로 나아간 듯한 기분이
든다. 사람을 움직이는 힘은 원론이 아닌 공감이다.

자기중심적인
긍정적인 메시지는 아웃

'공감이 중요하다는 것을 누가 몰라!' 하고 생각하는 사람도
있을 것이다. 하지만 공감의 중요성을 알면서도 자기중심적
인 시선에서 상대에게 긍정적인 메시지를 전하게 된다. 한 예
로 상대가 실연을 당해 풀이 죽어 있는 상황이라고 가정해보
자. 대부분은 격려하려는 마음에 다음과 같이 말한다.

> "괜찮아요. ○○ 씨는 좋은 사람이니까 금방 좋은 사람 다시 만날 거예
> 요."

언뜻 들으면 100점짜리 위로 같지만, 듣는 이의 입장에서
공감을 하지 못한 말이다. 말로는 '그래요, 고마워요'라고 대답
하면서도 상대에게 이해받지 못했다는 마음에 서운함을 느낄
수도 있다. 차라리 이럴 때는 차분한 목소리로 '그렇군요, 참
힘들겠어요'라며 상대의 감정에 공감해주는 것이 더 좋다.

공감은 고민이 있을 때뿐만 아니라 일상의 다양한 상황에서 필요하다. 깊지 않은 가벼운 이야기를 나눌 때도 마찬가지다. 일상적인 대화에서 잡담은 필수다. 특히 여자들끼리 나누는 대화에서는 특유의 공감 방식이 있다. 날씨가 덥다 혹은 춥다로 시작되어 직장, 가정에 대한 불평, 주변의 소문, 음식과 다이어트, 쇼핑, 연예인 이야기 등의 화제로 대화가 진행된다. 여기에 잘 끼지 못하면 대화를 이어가기가 어렵다.

예를 들어 한 여성이 '오늘 날씨 덥네요'라고 말했다. 이때, '네? 덥다고요? 전 근무 중에는 더운지 추운지 별로 신경 쓰이지 않아서 잘 모르겠네요'라고 진지하게 대답한다면 어떻게 될까?

사실 이런 말은 인사 대신이기에 굳이 진지하게 대답할 필요가 없다. 그저 짧은 몇 마디 주고받으며 공감을 나누면 그만이다. 너무 진지하게 대답하는 바람에 공감대 형성에 실패한 사례다. 상대의 대답이 너무 솔직해 가볍게 거절하는 느낌마저 든다.

이처럼 공감 능력이 떨어지면 인간관계에 어려움을 겪는다. 별것 아닌 듯 보여도 잡담은 실상 대단한 힘을 발휘한다. 좋은 관계가 유지되고 있다면 잡담을 하지 않아도 괜찮다. 단, '어딘지 관계가 매끄럽지 않아'라는 느낌이 들 때는 공감을 떠올려보기 바란다.

　당신은 어느 쪽인가. 상대방에게 공감하고 있는가? 아니면 일방적으로 원론만 이야기하고 있는가?

03

주변 사람들이

떠나서

고민인 사람들

✕

의도한 명령문을
사용하고 있지 않은가

겉으로 봐서는 절대 사람들에게 미움 받을 유형이 아니다. 굳이 따지자면 얌전하고 겸허해 보이는데 웬일인지 주위 사람들이 하나둘 떠나간다. 구체적으로 무엇이 문제인지는 아무도 가르쳐주지 않는다. 여기서 주목해야 할 것은 '컨트롤'이다. 예를 들어 회사 동료에게 다음과 같은 말을 들으면 어떤 생각이 들까?

> "저, 정말 큰일이에요. 일도 쉽게 익히지 못해서 실수만 하는데 다들 대단하네요. 아…… 전 정말 문제가 많은가봐요."

이런 말을 들으면 '아니에요!'라고 대답하고 싶지 않은가. 혹은 '괜찮아요! 지금도 충분히 잘하고 있어요' '저도 마찬가지예요'처럼 상대방을 토닥이는 격려의 말이 하고 싶을 것이다.

나는 회사 동료의 말을 '명령형이 아닌 명령문'이라고 생각한다. 상대방에게 명령이나 부탁을 하는 것은 아니지만 기대한 내용을 말하게 하는 말이기 때문이다. 그런 이야기를 들으면 듣는 입장에서는 위로나 격려의 말을 하게 된다. 왜냐하면 사람은 무의식적으로 균형을 잡으려 하기 때문이다.

한때 언론에서 추앙받던 운동선수가 어떤 일을 계기로 갑자기 심한 비난을 받거나, 지나치게 긍정적인 경영자 곁에 견실한 사고를 하는 측근이 있는 것도 이런 이유에서다. 한쪽으로 심하게 기울어져 있으면 균형을 잡기 위해 반대 방향으로 강한 힘이 작용한다.

자만하는 사람을 무시하려고 하거나, 겸허한 사람을 높여 주려는 것도 마찬가지다. 그러니 '저는 정말 문제가 많은 것 같아요'라는 말을 들으면 자연히 '아니에요'라고 대답하고 싶어지는 것이다.

상대방의 반응을
컨트롤하는 말

당신의 주위에도 악의적인 의도는 없지만 명령형이 아닌 명령문을 계속해서 사용하는 사람이 있지 않은가? 예를 들어 낙담할 만한 일이 있을 때, 그렇게 친하지 않은 사람들에게까지 메시지를 보내는 사람이 있다. 그런 메시지에는 '쓸데없이 주저리주저리 한 것 같아 죄송해요'라는 사과가 덧붙는다. 충고를 듣고 싶어 하는 듯 보이지만 사실은 '토닥여줘'라는 속뜻이 담겨 있다. 그런 메시지를 받으면 누구라도 위로해주지 않을 수 없다. 이 메시지는 상대방의 반응까지 컨트롤하는 셈이다.

'명령형이 아닌 명령문'은 악의 없이 자연스럽게 메시지 안에 녹아들지만, 너무 자주 사용하면 상대방을 지치게 한다. 하지만 당사자는 그 사실을 깨닫지 못한다.

방어를 가장해
공격하는 사람들

말로 표현하지 않아도 전달되는 명령형 메시지가 있다. 바로 태도로 나타나는 명령형 메시지이다. 업무상 실수를 했을 때, 거듭 '죄송합니다! 죄송합니다!'라며 여러 번 과도하게 사과하는 사람은 '깊이 반성하는구나!' 싶기도 하겠지만, 상대방에게 미안한 마음보다 '다른 사람에게 혼나고 싶지 않다'는 마음이 더 커서 그럴 수도 있다.

이렇듯 과도한 사과는 '이미 충분히 반성하고 있다고요!' 혹은 '나는 상처를 잘 받으니까 너무 화내지 마세요!'라는 메시지일 수 있다. 실제로 과도하게 사과하는 사람에게 심하게 화를 내기는 어렵다. '됐어요' 혹은 '별로 크게 신경 쓰지 않아요'라고 대답하기 십상이다.

결국 과도한 사과를 하는 사람은 약한 척하면서 상대방을 컨트롤한다. 달리 표현하면 '방어를 가장한 공격'이다. 명령형이 아닌 명령문이나 방어를 가장한 공격은 강하지 않은 사람이 살아가기 위해 어쩔 수 없이 익히는 생존 기술이다.

몸집이 작은 동물은 큰 동물에 비해 생존에 필요한 지혜를 많이 갖고 있다. 서식지를 잘 숨기는 것, 집단으로 행동하는 것, 주위 환경에 맞추어 보호색을 띠는 것, 독을 가진 것 등이 여기에 해당한다.

상대를 컨트롤하는 것이 나쁘다는 이야기는 아니다. 두 사람 이상이 모이면 자연히 컨트롤하는 쪽과 당하는 쪽이 생긴다. 사람들은 모두 컨트롤을 하기도 하고 당하기도 하며 살아간다. 단 자기도 모르게 컨트롤을 너무 많이 해서 그로 인해 주위 사람들이 거리를 두는 것이 문제인 것이다.

돌이켜보면 고민에 빠져 살 때 명령형이 아닌 명령문이나 방어를 가장한 공격을 남발하면서 살았다. 그러다보니 주위에는 사람이 많이 남아 있지 않았다. 그때도 나는 내가 다른 사람들에게 명령하거나 그들을 컨트롤하고 있다는 생각은 전혀 하지 못했다.

의식 없는 이런 행동을 계속하다보면 당사자뿐만 아니라 주위 사람들까지 불행해진다. 당신은 자신도 모르는 사이에 주위 사람을 과도하게 컨트롤하고 있지는 않은가? 항상 생각해볼 일이다.

× **TIP** ×

"강함은 사람들을 컨트롤한다. 약함 역시 그렇다."

04

문제 해결을

포기하면

문제가 해결된다

✕

D씨는 직장에서 인간관계 때문에 항상 문제를 겪었다. 다른 직원들과의 의사소통이 가장 문제였다. 노력파인 D씨는 밝은 미소로 직원들에게 말을 걸었고 잡담을 나누었다. 의사소통에 대한 책을 읽고 공부하는 등 할 수 있는 범위 내에서 최선의 노력을 다했다.

그럼에도 인간관계는 전혀 나아지지 않았다. 오히려 점점 더 어색해졌다. D씨의 고민은 날로 깊어져 갔다. 그러던 중 그는 난생처음으로 스노보드를 타기 시작했고, 푹 빠져 시즌 내내 주말마다 스노보드를 타러 다녔다. 그러던 어느 날 D씨는 깨닫게 된다.

'어? 나 요즘 회사 사람들에게 신경을 안 썼네…….'

갑자기 이런 이야기를 왜 하나 싶을 수도 있다. 이 이야기를 꺼낸 것은 '문제는 문제와 관계없는 곳에서 해결되기도 한다'는 것을 보여주기 위해서다. 회사에서 문제가 생기면 반드시 그 안에서 해결해야 할 것 같다. 스노보드나 타러 다닐 상황이 아닌 것 같다.

하지만 문제를 해결하려고 하면 할수록 상황이 나아지기는커녕 더욱 악화된 경험, 다들 한 번씩은 있지 않은가? 그럴 때는 문제 해결의 실마리를 문제가 발생한 곳이 아니라 별개의 장소에서 찾을 수 있다. 문제에서 한 발자국 물러나서 생각해보는 것이다. '문제가 발생한 곳에서 해결하기를 포기한다'는 선택지를 고려해봐야 한다. 모든 문제에 정면 대결하는 것만이 해결책은 아니다.

다른 장소에서
얻는 이익

학생이었을 때, 여름방학이나 연휴 때 새로운 곳에서 아르바이트를 하면 좋은 친구들이 생겼다. 그러다 다시 학교로 돌아가면 학교 친구들과의 관계가 조금 변한 듯한 느낌을 받았다. 이전보다 학교 친구들과의 관계에 목을 매지 않거나 조금 거리를 두고 객관적으로 보게 됐다.

누구든 또 다른 '있을 곳'이 생기면 전보다 여유를 갖게 된다. 일만 하는 사람에게는 회사가 전부이기에 회사에서 문제가 생기면 갈 곳이 없어진다. 이처럼 더는 나아갈 수 없을 때도 정면으로 맞부딪힐 수밖에 없다.

이때, 가정 혹은 동호회처럼 다른 곳이 있는 사람은 한 장소에서 문제가 생기더라도 다른 곳에 마음을 둘 수 있어 문제를 잘 넘기고 해결하기도 한다. 그래서 시간제 일과 살림을 병행하는 주부들에게는 특유의 활기가 느껴지기도 한다. 깊이를 알 수 없는 강단이 느껴진다. '여긴 어느 정도 열심히 하면 되지 뭐. 나는 이 일이 주가 아니거든' 하는 자세다.

이들에게 이런 여유가 느껴지는 것은 중요한 장소가 따로 있기 때문이다. 그러니 평소 자신이 드나드는 장소를 많이 만들어두면 인간관계의 고민을 해결하는 데 도움이 된다.

힘든 장소 말고
다른 장소에서 행복 찾기

앞서 소개한 예화를 다시 떠올려보자. D씨는 스노보드 모임이라는 '문제와 관계없는 장소'를 만들면서 마음에 여유가 생겼다. 결과적으로는 직장에서의 인간관계 문제도 자연스럽게 극복했다. 이렇듯 마음에 여유가 생기면 문제를 일으키는 대상의 인상이 달라질 수 있다.

바로 이 점이 '문제가 발생하는 곳에서 문제를 해결하기를 포기하라'는 말의 의미이다. 농담처럼 들릴 수도 있겠지만 실제로 이치에 맞는 해결 방법이다.

특히 인간관계 문제에서는 직접 개선하려고 들지 않을 때 해결되는 경우가 많다. 내담자들 중에 부모나 회사 사람에 대한 화를 삭이기 어려워하는 경우가 많은데, 그들 대부분은 여러모로 노력해봤지만 번번이 실패했기 때문이다.

하지만 상담을 받은 뒤 점점 행복감을 느낀 내담자들이 많았다. 화가 나는 대상에게 직접적으로 한 것이 없음에도 '에이, 그 정도면 됐지 뭐'라며 가벼이 넘기게 되었다고 했다. 이런 경험은 꽤 많은 내담자들에게서 발견된다.

불편한 상대와의 관계를 개선하기 위해 다양한 노력을 해봤지만, 아무런 변화가 없을 때는 '다른 장소에서 행복 찾기'를 권한다. 그러면 결국 돌고 돌아서 그 사람과의 관계 역시 좋아진다.

× TIP ×

"싫은 일은 '잊자!'라는 생각을 잊어야 진짜 잊을 수 있다."

05

인간관계

고민 때문에

힘들다면

✕

상대방의 좋은 점을
전부 말해준다

'어떻게 해야 인간관계가 좋아질까?'라는 물음의 답을 알려주는 책은 이미 여러 권 있다. 그중 어느 방법을 쓰더라도 효과가 있을 것이다. 나 역시 그런 부류의 책을 여러 권 읽었고, 좋은 방법이라고 생각했던 것도 많았다. 하지만 고민에 빠져 있던 당시 실제로 실천에 옮긴 방법은 한 가지뿐이었다. 그 방법은 나와 관계된 사람들의 좋은 점이 보이면 전부 말해주는 것이다.

쉬운 예를 들어 보자. 잘생기고 능력이 뛰어난 사람에게는 '인물이 훤칠하시네요'라는 칭찬만으로는 부족하다. 대신 '인물이 훤칠하신 데다 머리까지 좋으시네요. 거기다 겸손하기까지 하셔서 너무 완벽해 보여서 샘나는데요'라고 하는 것이다.

얼굴을 마주한 상태에서 말하기 부끄럽다면 헤어진 뒤 인사 메일을 보낼 때 이 내용을 함께 써서 보내도 좋다. 부끄러움이 많은 사람이라도 할 수 있는 방법이다. 내가 이런 방법을 실행에 옮긴 것은 앞서 소개한 <피식 노트> 때문이다. 우울함에서 벗어나지 못했던 나는 다른 사람이 내게 좋은 말을 해줄 때마다 '이렇게 기쁠 수가!'라며 마음속 깊은 곳까지 행복을 느꼈다.

실천에 옮긴 결과 반응은 생각보다 놀라웠다. 상대방이 기뻐하는 모습에 내 자신도 더욱 행복해지는 것이다. 나도 모르는 사이에 친구가 늘었고, 주변 사람들과도 좋은 관계를 맺었다.

친구가 거의 없던 내가 여러 사람과 좋은 관계를 맺게 된 것은 '상대방의 좋은 점에 대해 전부 말해준다'는 방법 덕분이었다.

칭찬이 아니라
'있는 그대로'

중요한 것은 지금부터 나올 내용이다. '상대방의 좋은 점에 대해 전부 말해준다'는 것은 어떤 의미일까. 그저 '칭찬을 해주면 된다'는 의미일까? 상대방의 좋은 점에 대해 전부 말해준다는 것은 일반적인 '칭찬'과는 다르다. 칭찬은 어딘가 과장하거나 자신의 생각을 일부러 키워서 말한다는 느낌이 든다. 한 예로 아이에게 칭찬할 때 실제로는 그렇게까지 생각하지 않으면서 '잘하네! 대단하다!'라고 하는 것이 그렇다. 때문에 여기서는 '칭찬'이라 표현하지 않고 '상대방의 좋은 점에 대해 전부 말해준다'라고 한 것이다.

상대방의 좋은 점을 발견하면 자신의 생각을 솔직하게 말하거나 문장으로 전하기만 하면 된다. 거짓말을 할 필요도 없고 무리해서 좋은 점을 찾아내지 않아도 된다. 과장할 필요도, 잘 전달하려고 애쓰지 않아도 된다. 진심으로 그렇게 생각하고 있다면 아무리 말주변이 없고 글 솜씨가 별로여도 상대에게 전해지는 법이다. 당신의 생각을 있는 그대로 표현할 수만 있다면 말주변이나 글 솜씨는 아무런 문제가 되지 않는다.

인간관계로 인한 고민 때문에 괴로워하는 사람들은 영업 사원처럼 행동하면 타인에게 호감을 얻을 것이라고 생각하는 경우가 많다. 과장된 표현으로 칭찬하거나 상대에게 적극적으로 다가가는 것, 애교를 부리며 활달하게 행동하는 것 등이 관계를 개선하는 데 효과적일 거라고 생각한다.

하지만 친밀한 관계가 되면 진정한 자신의 모습을 감춘 채 애교를 부리거나 활달하게 행동하는 것은 관계에 큰 도움이 되지 않는다. 자신을 다른 모습으로 포장하거나 감추면 그 모습을 본 사람들만 다가온다. 반대로 있는 그대로의 자신을 드러내면 그 모습에 반응하는 사람들이 다가온다.

일류 요리사의 맛있는 요리를 먹거나 마음에 드는 옷을 입으면 기분이 좋아진다. 말도 마찬가지다. 말은 요리나 옷처럼 물리적인 형태를 취하지는 않지만 사람의 기분을 좋게 만드는 힘이 있다. 심지어 말은 한 사람의 인생을 구원하기도 한다. 누군가의 말 한마디가 인생의 버팀목이 된 경험은 다들 한 번씩 있을 것이다.

말은 입안에 품고 다니는 최고의 선물이다. 이것을 다른 사람들에게 전하지 않는 것은 무척 안타까운 일이다. 아무리 상대방을 좋게 생각한다고 해도 생각만 하고 있으면 그 마음이 전해지지 않는다. 말로 표현해서 전달하는 것이 중요한 이유다.

　자신의 좋은 점에 대해 이야기를 들은 사람은 기뻐하며 그 말을 해준 상대방의 기대에 부응하려 할 것이다. 당신 앞에서 더욱 좋은 모습을 보이려고 애쓸 것이다. 그 모습을 본 당신 역시 기분이 좋아져서 비슷한 반응을 보이고, 그러면서 좋은 인간관계가 형성되는 선순환 구조가 만들어진다.

× TIP ×

"생각하지 않는 것은 결코 전해지지 않는다. 생각만 하고 있는 것도 마찬가지다."

chapter 06.

하고 싶은 것을 몰라서
고민을 만드는
고민메이커의 심리

01

당신은

Doing인가,

Being인가?

✕

무엇을 하고 싶은지 몰라
고민인 사람들

이번 장에서는 '무엇을 하고 싶은지 잘 모르겠다'는 고민을 다루고자 한다. 그전에 먼저 Doing 행위와 Being 존재의 설명이 필요하다. 평소 잘 들어보지 못한 용어라서 낯설게 느껴질지도 모르겠다. 다음은 텔레비전을 보다가 우연히 듣게 된 한 연예인의 말이다.

> "어린아이에게 '꿈을 가져라'는 말을 자주 하는데, 저희 업계에서는 그렇게 말하기가 힘들어요. 어쩌다보니 운이 좋아서 이렇게 잘 풀린 거지… 꿈을 가지면 꼭 이렇게 된다는 말은 오히려 무책임한 이야기 같아요. 꿈을 가지고 '어떤 것을 성취'하는 것만이 인생의 목적이 아니라 '그냥 살아가는 것'을 목적으로 하는 인생 역시 괜찮죠."

그러자 그의 옆자리에 있던 사람도 이렇게 말했다.

> "맞아요, 사실 그런 분들이 이 사회를 지탱하고 계시는 것이나 다름없죠……."

'Doing'과
'Being'의 차이

Doing: 행위가 중요하다. 무언가를 성취해내는 것이 좋다고 생
각한다.

Being: 존재 자체가 중요하다. 살아 있는 것 자체가 좋다고 생
각한다.

두 사람의 대화는 사람이 살면서 중요하게 여기는 가치관
에 대한 것이었다. 무엇을 '성취'하는 일에만 집중하는 인생도
힘들지만, '그냥 살아가는 것'만을 목적으로 하는 것도 괴롭다.
그러니 사람은 '행위'와 '존재'라는 두 가치관 사이에서 균형을
잡으며 살아가려고 노력한다.

무의식적으로 행위와 존재 중 어느 쪽을 중시하는가에 따
라 삶의 방향이 달라질 수 있다. 물론, 행위와 존재 모두 중요
한 부분이기에 '어느 쪽을 더 중시하는가?'라는 질문에는 정
답이 없다. 이제부터 행위를 중시하는 사람을 'Doing 유형', 존
재를 중시하는 사람을 'Being 유형'이라고 부를 것이다.

자신의 존재를 긍정하지 못해서
고민하는 Doing

Doing 유형과 Being 유형인 사람이 '무엇을 하고 싶은지 잘 모르겠다'고 말했다고 치자. 이 두 사람은 같은 말을 했지만 그 말의 뉘앙스는 전혀 다르다. 먼저 Doing 유형에 대해 살펴보자.

Doing 유형들은 삶에서 무엇인가를 하고 목표를 달성하는 것을 중시한다. 그래서 가능한지, 불가능한지와 관계없이 일단 덮어두고 열심히 노력한다. 하지만 그들의 노력하는 모습은 '뭔가 하고 있지 않은 나는 가치가 없다' 혹은 '있는 그대로의 자기 모습'을 부정하는 마음이 발현된 결과일 수도 있다. 따라서 Doing 유형들은 자기 부정에서 도망치기 위해 호불호와 관계없이 무엇이든 열심히 하려고 한다.

자신이 무엇을 좋아하고 싫어하는지 고려하지 않고 행동하면 하는 일과 실제 자신의 모습에 차이가 생긴다. 시간이 흐른 뒤에는 '어? 나 지금 뭐 하고 있지?'라는 물음을 갖고 위화감마저 느낀다. 그럴 때 Doing 유형들은 '무엇을 하고 싶은지 잘 모르겠다'라고 말하게 된다.

그렇다면 Being 유형들은 어떨까? Being 유형들은 기본적으로 자기 긍정을 하기 때문에 무엇을 열심히 하지 않더라도 자신의 정체성을 지키며 살아간다. 그러다가 보통 서른 전후가 되면 다음과 같은 생각을 한다.

'왠지 주위 사람들과 비교하면 나는 열심히 하지 않는 것 같네.'
'나만 실적을 높이지 못한 것 같은데……'

이처럼 Being 유형들은 열심히 노력하는 Doing 유형들과 자신을 비교하게 된다. 그러면서 자신이 남들보다 뒤쳐지고 있다는 느낌을 받는다. 지금까지는 느끼지 못했는데, 사회생활을 몇 년 하고보니 그 차이가 눈에 띄기 시작하는 것이다.

결국 Being 유형도 조바심을 내며 열심히 노력한다. Being 유형은 사람들과 함께 즐겁게 지내는 것을 삶의 즐거움으로 여기기 때문에 사람들이 보지 않는 곳에서 혼자 노력하지 못한다. 사람들과 함께하거나 누군가의 응원을 받는 상황에서 불타오른다. 자신이 맡은 일을 하려고 마음을 먹더라도 사람들과 어울릴 기회가 생기면 모임을 우선시한다. 그러면서 '아, 할 일을 또 못 했네'라며 낙담한다.

이런 경험이 반복되면 자신에 대한 희망을 품고 싶은 마음에 다음과 같은 생각을 한다.

'나한테도 '이것!'이라고 할 만한 것이 있으면 열심히 노력할 수 있을 텐데……'

'이것!'이라고 할 만한 것을 찾지 못해서 '내가 무엇을 하고 싶은지 잘 모르겠다'

이제 Doing과 Being 유형의 이미지가 잘 떠오르는가?

× TIP ×

"Doing 유형은 자신의 존재를 긍정하지 못해서 고민한다.

Being 유형은 자신이 행동하지 못한다는 생각 때문에 고민한다."

02

하고 싶은 일을

발견하고

싶다면

✕

Being 유형이
하고 싶은 일을 찾으려면

어느 날 이직할 생각이 있는 친구와 이야기를 나누게 되었다.

> "어떤 직장으로 옮겨야 할지 잘 모르겠어."
> "에이, 사실 일하고 싶어서 다닌다기보다 회사 사람들이 좋고 같이 있
> 는 게 즐거워서 계속 다니는 거잖아. 업계나 직종은 별 상관없으면서."
> "아! 생각해보니 그러네!"

친구는 자신이 어떤 종류의 일을 원하는지 잘 모르겠다고
했지만, 사실 하고 싶은 일은 명확했다. 그는 사람들과 즐겁게
일하는 것을 가장 하고 싶어 했다. 흔히 하고 싶은 일이라고
하면 '업계' '분야' '직종'과 같은 영역을 고려해야 한다고 생각
하는데 여기에 고려해야 할 것이 더 있다. 업계나 분야, 직종
과 마찬가지로 '사람들과 즐겁게 일하고 싶다'라는 마음 역시
하고 싶은 일을 생각할 때 고려해야 할 중요한 영역이다.

대화에 등장하는 친구의 경우, 특정 업계나 직종보다는 '직
장 동료, 분위기, 인간관계'를 고려해 이직할 회사를 찾는 것
이 좋다. 사실 이런 사람은 전형적인 Being 유형이다. 그들은
다른 사람들과 즐겁게 지내는 것을 무엇보다 좋아한다.

하지만 하고 싶은 일을 고려할 때 '사람들과 즐겁게 지내는
것이 무슨 하고 싶은 일이야? 하고 싶은 일은 직종이나 업계

에 관한 것이어야지'라고 생각하는 탓에 고민에 빠진다. 그래서 '무엇을 하고 싶은지 모르겠다'는 말을 하게 된다.

좋아하는 일은
의식해서 찾아야 하는 일이 아니다

하고 싶은 일은 일부러 찾아 나설 필요가 없다. '지금까지 인생에서 끊임없이 해온 일'이 바로 하고 싶은 일이다. 찾아야 하는 것이 아니라 '이미 있는 것'이다.

내 친구의 경우 오랫동안 알고 지낸 사이였기에 평소 그가 중요하게 생각하는 것을 알고 있었다. 정작 본인은 자신이 어떤 것을 가장 좋아하는지 잘 몰랐던 모양이지만 그 친구는 하고 싶은 일을 굳이 찾을 필요가 없었다. 사람들과 즐겁게 지내는 것은 그가 지금까지 살면서 항상 해왔던 일이기 때문이다.

좋아하는 것은 의식해서 찾아야 하는 일이 아니다. 누군가 '좋아하는 음식이 뭐예요?'라고 물었을 때 '아직 찾는 중이에요'라고 대답하는 사람은 거의 없다. 카레를 좋아하는 사람이라면 일부러 찾아내서 좋아한 것은 아닐 테니까.

하고 싶은 일도 마찬가지다. 정말로 하고 싶은 일은 찾아내야 할 대상이 아니라 감각적인 것, 의식하지 않더라도 자신이 이미 하고 있는 것이다.

하고 싶은 일은 분명 존재하는데 말로 표현하지 못하는 사람들을 위해 '하고 싶은 일을 깨닫도록 하는 질문'을 정리해보았다.

<하고 싶은 일을 깨닫도록 돕는 질문>
 – "평소 '그렇게까지 할 필요가 있을까'라는 생각을 하면서도,
  자신도 모르게 자꾸 하는 일은 무엇인가?"
 – "그 일의 어떤 점 때문에 자꾸 그 일을 하게 되는가?"

내 메일함은 많은 사람들이 보낸 메일로 늘 가득 차 있다. 나는 메일에 답장을 쓸 때 이상한 사명감이 들어 일부러 상대를 웃기려는 표현을 찾는다. 시간이 없을 때도 마찬가지다. '그렇게까지 할 필요가 있을까' 싶기도 하지만 어쩔 수가 없다.

'이런다고 남들이 높게 평가해줄 것도 아닌데, 자신도 모르게 자꾸 하는 일' 중에 정말 좋아하는, 정말 하고 싶은 일의 힌트가 숨어 있다.

나의 경우는 '사람들을 웃기고 싶다'가 그렇다. 사람들이 웃어주면 왠지 큰 만족감이 솟는다. '재미있으시네요!'라는 말을 들으면 너무 기뻐서 기분이 하늘 꼭대기까지 오른 듯한 기분이 든다. 평소에는 어려운 주제에 대해 생각하고 이야기하더라도, 사실 자신이 하고 싶은 일, 좋아하는 일은 어처구니없을 정도로 단순하거나 평범한 것일 수 있다. 의외의 평범함에 실망을 느낄 수도 있지만 있는 그대로의 자기 모습을 보는 것이

진정한 자신을 알아가는 방법이다.

하고 싶은 일을 깨닫도록 돕는 질문에 누군가는 다음과 같이 대답했다.

> "컴퓨터 디스크 조각 모음을 시켜 놓고, 진행되는 상태를 가만히 들여다보고 있는 것을 좋아해요."

이상한 대답 같지만 정말 하고 싶은 일에 대한 힌트가 숨어 있다. 그는 엉망진창이던 것이 정리되어 가는 과정을 좋아하는 것이다. 이때 단순히 '청소를 좋아하네!'라고 생각할 것이 아니라 조금 더 넓게 생각해보는 것이 좋다. '정보를 정리하는 일을 좋아하네' 등으로 발전시키는 것이다. 그런 특성을 가진 직업을 갖게 되면 그는 즐겁게 일할 수 있을 것이다.

하고 싶은 일을 깨닫도록 돕는 질문과 답을 바탕으로 생각해나간다면, 당신이 이미 하고 있는 일 중에서 진정으로 하고 싶은 일을 찾을 수 있을 것이다.

× **TIP** ×

"하고 싶은 일은 일부러 찾을 필요가 없다. 지금 거기 이미 있으니까."

03

하고 싶은

일을 해도

고민은 생긴다

✖

다음은 고기를 좋아하는 X와 그의 친구 Y가 나눈 대화이다.

> X : 나 고기 진짜 좋아해. 일주일에 한 번은 꼭 고기 집에 가는 것 같아.
> 더 자주 먹으러 갈 수 있으면 좋을 텐데.
> Y : 그렇게 고기가 좋은 거야? 보통 얼마나 먹어?
> X : 음…… 아마 내가 먹는 것 중에서 30퍼센트 정도는 고기일걸.
> Y : 그럼 나머지 70퍼센트가 탄수화물, 채소, 과일, 어패류라는 거네.
> 그렇게 좋으면 고기 먹는 비율을 더 늘리면 되지 않아?
> X : 그러네! 그럼 80퍼센트까지 늘려 볼래!

일주일 후 X는 여전히 고기가 맛있을까? 사실 말도 안 되는 대화였지만 이어질 내용의 이해를 돕기 위한 예시이니 독자의 양해를 구한다. 이 대화에서 전하고 싶은 메시지는 크게 두 가지다.

첫째, 정말 좋아하던 음식이라도 그 비율이 늘어나면 별로 먹고 싶어지지 않는다.

예를 들면 글쓰기를 좋아하는 사람이 문예지에 공모하는 작품을 쓰기 위해 회사도 그만두고 종일 글을 쓴다면 즐거울까. 아마 그렇지 않을 것이다. 업무에 치여 굉장히 바쁜 나날을 보내면 여유와 휴식이 그리워질 수밖에 없는데, 회사를 관두고 막상 한가롭게 지내다보면 여유가 반갑기는커녕 삶의 중요한 요소가 빠진 듯한 기분마저 든다.

위 사례들은 우리 주변에서 쉽게 볼 수 있다. '마음껏 글을 쓰고 싶다' '한가롭게 시간을 보내고 싶다'라는 마음이 진심이더라도 말이다. 고기의 양을 30퍼센트에서 80퍼센트로 늘렸을 때 전처럼 고기가 맛있지 않은 것처럼 하고 싶은 일도 마찬가지다. 하고 싶은 일의 비율을 잘못 설정하면 아무리 하고 싶은 일이라도 즐거움이 줄어든다.

하고 싶은 일의
균형

둘째, 고기가 맛있게 느껴지려면 탄수화물, 채소, 어패류, 과일이 함께 있어야 한다. 대화를 하다보면 하고 싶은 일에 대한 하나의 정답을 내야 할 것 같은 상황이 있다.

"회계사가 되고 싶다!"
"가수가 되고 싶다!"
"글을 쓰고 싶다!"

'앞으로 ~가 되겠다'라고 정해놓는 편이 다른 사람들에게 이야기하기 쉽지만, 고기가 맛있게 느껴지는 것은 탄수화물이나 채소가 있어서다. 즉, 하고 싶은 일, 좋아하는 일 주변에 여러 다른 일들이 있기에 그것이 눈에 띄는 것이다. 이 사실을 당사자들은 잘 인지하지 못한다.

　글을 쓰고 싶어 하는 사람의 예를 떠올려보자. 그는 문예지에 응모하기 위해 회사까지 그만두고 종일 글을 썼지만 전혀 즐겁지 않았다. 결국은 어떻게 되었을까. 나중에는 저축도 하지 못하고 점점 불안해지지 않았을까. 그러다 다시 회사생활을 하지 않았을까.

하고 싶은 일의 비중이 늘어나야
행복해지는 것도 아니다

어쩌면 그가 글쓰기를 좋아하는 것은 회사에 다녔기 때문이 아닐까. 글 쓸 시간이 한정적이고, 경제적으로도 안심할 수 있었기에 좋아할 수 있었다. '한정적인 글쓰기 시간'과 '경제적인 안정'이 고기를 좋아하는 사람에게 빗대면 '탄수화물'과 '채소'의 역할을 한 것이다. 아이러니하게도 그가 글 쓰는 데 방해가 된다고 생각했던 회사생활이 오히려 글을 쓰는 생활을 뒷받침해주었던 것이다.

　그렇다면 그에게는 회사를 그만두는 것이 아닌, 회사에 다

138
×
139

니면서 글을 쓰는 것이 가장 좋은 선택이 된다. '취미가 일이 되면 안 된다'라는 옛말이 들어맞는 상황일지도 모르겠다.

개인적으로 '취미가 일이 되면 안 된다'는 말이 모든 상황에 적용된다고 생각하지 않는다. 단순히 하고 싶은 일의 비중을 늘려야 행복해진다는 생각이 언제나 옳은 것은 아님을 이야기하고 싶었을 뿐이다. 할 수 있는 시간이 제한적이라서 좋아하는 경우도 상당하다.

무엇을 하는 비중을 늘리면 다른 일의 비중이 줄어든다. 줄어드는 것 중에 미처 깨닫지 못했지만 자신도 모르게 의외로 중요하게 여기는 것이 들어 있을 수 있다.

어쩌면 당신이 지금 하고 싶은 일은 할 수 있는 시간이 제한적이기에 하고 싶다는 생각이 드는 것일 수 있다.

×TIP×

"휴일이 즐거운 것은 평일에 일하고 있기 때문이다."

04

결정하지 못해

고민이

된다면

✕

꼭 둘 중에
한 가지를 선택할 필요는 없다

하고 싶은 일이 따로 있는 상황에서 회사를 그만두는 것이 좋을지, 아니면 계속 참고 다니는 것이 좋을지 고민하는 상황에 대해 좀 더 생각해보자. 지금부터는 큰 무리 없이 자신이 하고 싶은 일을 이행하는 방법을 이야기하려 한다.

우리는 하고 싶은 일에 대한 화제가 나오면, '회사를 그만둘지 말지' '해외로 갈지 말지' '학교에 다닐지 말지' 등 두 개의 선택지 중 하나를 골라야 하는 상황으로 해석하는 경향이 있다. 하나의 선택지를 고르지 않으면 하고 싶은 일을 할 수 없다고 생각해버리는 것이다.

다음은 하나의 선택지로 답을 정해버리는 것을 두고 한 경영자가 한 말이다.

"회사가 잘 굴러가지 않을 때면 이거다 싶은 '한 가지' 방침을 정하고 싶어지죠. '물러서지 말고 세게 나가자' 혹은 '조금은 수동적인 영업 방식이 좋겠다' 하는 방식으로요. 잘 풀리지 않을 때는 뭐라도 정하지 않으면 우왕좌왕하다가 더 힘들어지죠. 여기서 흥미로운 것은 스스로 완전히 납득할 수 없는 억지로 정한 방침은 문제 해결에 도움이 안 돼요. 그럴 때는 아무리 괴로워도 '딱 한 가지로 정해놓지 않는다'라는 방법을 써요."

이처럼 한 가지로 정해야 하는 상황은 괴롭다. 흡연자는 담배가 건강에 나쁘다는 사실을 알고 있다. '안 피우면 일에 집중이 안 되니 그래도 담배를 피울지' '건강에 안 좋으니 담배를 끊을지' 둘 중에 하나로 결정하고 나면 마음이 편해질 것 같다. 하지만 이러지도 저러지도 못할 때는 괴롭다. '담배를 피우고 싶기는 한데, 몸에 좋지 않은 것도 맞아. 어쩌지……'라고 고민하면 더 괴로워진다.

그렇다고 편해지려는 마음에 억지로 어느 한쪽을 선택하면 역효과가 날 수도 있다. 이처럼 딱 하나로 정하지 못하는 것은 우유부단한 태도 때문이 아니다. 굉장히 힘들고 용기가 필요한 결단이다.

결정을 내리는
타이밍이 있다

그렇다면 어느 타이밍에 한 가지를 선택하면 좋을까. 물론 '바로 이거야!'라는 확신이 있다면 고민 중이라도 언제든지 결정을 내릴 수 있다. 이때 결정은 꼭 자신이 내리지 않아도 된다. 그 이유를 나와 친구의 대화에서 찾아보자.

친구: 전부터 하고 싶던 일이 있어서 지금 하고 있는데 점점 바빠지고 있어. 그래서 지금 다니는 회사를 그만둘까 하는데…… 언제 그만

두면 좋으려나.

나: 그 일도 하고 회사도 다니려면 바쁘겠다. 아직은 여유가 있어?

친구: 아직은 괜찮아. 아예 여유가 없지 않거든.

나: 그러면 그 일이 정말 바빠져서 '더는 안되겠다!' 싶을 때 그만두면
   어때?

친구: 아, 그러네! 굳이 지금 결정해서 억지로 퇴사할 필요는 없겠다!

이후 그 친구는 어떻게 되었을까? 하고 싶은 일 때문에 너무 바빠져서 회사에 그만두겠다고 했더니 회사에서 파격적인 조건을 제시했다. 결국 그는 '일주일에 사흘만 나와도 좋다!'는 조건으로 계속 일하게 되었고, 시급으로 따졌을 때 결국 소득이 늘었다.

그 일에 전념하지 않으면
안 되는 상황이 타이밍

그는 '이렇게 회사를 다니니까 경제적으로도 안정되고 내가 하고 싶은 일에 쓸 시간도 넉넉해졌어. 이상적인 상태야!'라고 말했다. 이 친구처럼 대개 하고 싶은 일은 자신이 그 일을 통해 무엇인가를 제공해줄 '상대방의 요청'이 있어야 성립된다. 글이 쓰고 싶은데 지금 하는 일과 전혀 관계가 없다면 어떻게 해야 할까. 이런 경우 누군가 당신의 글을 필요로 하지 않는다

면 그 일을 시작할 수 없다.

그러니 혼자서 무리하게 '지금 그만둘래!'라는 결정을 내리지 말고, '상대방에게 요청이 올 만한 상황'이 언제인지 물어보는 것도 좋다. '글을 써주세요!'라는 요청이 많이 들어 와서 글 쓰는 일에 전념하지 않으면 안 되는 상황이 바로 '결정을 내리는' 타이밍이다. 그렇게 접근하면 자연스럽게 자신이 하고 싶은 일을 하게 된다.

당신에게 하고 싶은 일에 대한 상대방의 요청이 들어와 있는가? 혹시 상대방의 요청도 없는데 '회사 그만둘래!'라는 말을 습관처럼 하는 것은 아닌지 되돌아보길 바란다.

05

그 일이 정말
하고 싶은 일인지
고민이라면

✖

지인 중에 음식점에서 일하는 사람이 있다. 그는 만날 때마다 항상 '독립해서 내 가게를 갖고 싶다'는 꿈을 이야기했다. 그런 이야기를 들은 지도 벌써 10년이 넘었지만, 그의 독립 계획은 전혀 진척이 없어 보였다. 이렇게 '~만 할 수 있다면, 인생이 크게 달라질 것'임을 알면서도 전혀 행동으로 옮기지 않는 것이 당신에게도 있지 않은가.

이상한 일이다. 하고 싶은 일이 틀림없는데, 게다가 인생이 크게 달라진다는 것도 이미 알고 있는데 하려고 하지 않다니. 이런 행동의 이면에는 뜻밖에 심리가 숨어 있다. 이런 경우 '고민이 희망이 된 상태'다. 내 지인의 경우, 독립을 도전해 만만치 않음을 깨달았다면 더는 희망을 가질 수 없었을 것이다.

하지만 반대로 이때 아무것도 하지 않으면 계속해서 희망을 가질 수 있다. 고백하지 않으면 차일 리도 없는 상황과 같다. 사실 그는 '독립만 할 수 있다면' 하고 고민하지만, 한편으로는 직접 해본 뒤 그 고민을 빼앗기는 상황이 두려운 것이다.

그렇게 되면 희망마저도 빼앗기기 때문이다. 만약 독립의 고민이 없었다면 그는 매일을 불만스럽게 보낼 필요가 없었을 것이다. 이상하게 들리겠지만 고민이 그의 마음을 편안하게 해주고 있었던 것이다.

하고 싶다고 생각만 하는 일은
진짜 하고 싶은 일이 아니다

이런 이야기를 들으면 '내가 하고 싶은 일도 어쩌면 정말 하고 싶은 일이 아닐지도 모른다'는 생각에 불안해질지도 모르겠다. 다음은 그런 생각이 들 때 판단에 도움을 주는 질문이다. 질문에 '예' 혹은 '아니오'로 대답하기만 하면 된다.

> "'~만 할 수 있다면'이라고 말하면서 아무런 행동도 하지 않은 상태가 2년 이상 지속되고 있는가?"

만약 이 질문에 대한 답이 '예'라면 당신이 '하고 싶은 일'은 희망이 되어 있을 가능성이 높다. 정말 하고 싶은 일은 의식하지 않아도 자꾸만 하게 된다. 기합을 넣어가며 열심히 노력해야 할 수 있는 일이 아니다. 정말로 하고 싶은 일은 '회사에 다니고 있어서 못 한다' '시간이 없어서 못 한다' '돈이 없어서 못한다' '가족 때문에 못 한다'라는 말을 하지 않는다.

어떤 상황에서도 어떻게든 시간을 내서 자기도 모르게 자꾸만 하게 된다. 그것이 당신이 정말로 하고 싶은 일이다. 좋아하니까 그렇게 되는 것이 당연하다.

만약 '상황이 정리되면 해야지'라고 미루며 아무리 시간이 지나도 하지 않는다면 정말로 하고 싶은 일이 아닐지도 모른다. '하고 싶다고 생각만 하는 일'일 수도 있다.

하고 싶은 일을
착각하는 사람들

상담하면서도 자신이 하고 싶은 일을 착각하는 사람들을 많이 만났는데, 한 번은 이런 일도 있었다. 내 지인과 비슷한 경우였는데, 그는 회사를 그만두고 독립하고 싶어 했다. 문제는 준비가 전혀 진행되지 않는다는 것이었다. 나는 그에게 이렇게 물었다.

"만약 지금 회사 동료들과의 관계가 좋아진다면 어떻게 하실 거예요?"

그러자 그는 대답했다.

"그렇다면 독립을 안 할 것 같아요."

그가 정말로 하고 싶은 일은 독립이 아니었다. 좋은 인간관계 속에서 일하는 것이다. 그런데 정작 본인은 자신이 하고 싶은 일을 독립이라고 착각하고 있었다.

진심으로 독립하고 싶다는 생각을 한 것이 아니니 독립 준비에 진전이 있을 리가 없다. 아마 그에게 독립은 회사 사람들과의 어색한 관계로부터 도망치기 위해 무리하게 만들어낸 목표였던 것이다.

그렇게 하고 싶은 일을 착각한 상태에서는 제대로 된 고민을 하지 못한다. 인간관계를 개선할 방법을 고민해야 하는데, '원래 하고 싶은 일이 아닌 독립을 위한 준비에 진척이 없다'는 쓸데없는 고민으로 끙끙대게 된다.

나도 그랬다. '하고 싶다는 생각만 하고' '하고 싶은 일'로 착각해 상당히 먼 길을 돌아와야만 했다. 당신이 하고 싶은 일은 '정말로 하고 싶은 일'인가? 혹시 어떤 것으로부터 도망치기 위해 무리하게 세운 목표는 아닌지 생각해볼 일이다.

× TIP ×

"'하고 싶다고 생각은 하지만……'
이런 고민이 있다면 '고민'일 수도 혹은 '희망'일 수도 있다."

06

고민이 깊어지면

포기하는 것도

방법

✕

하고 싶은 일에
휘둘리는 시대

지금까지는 '무엇을 하고 싶은지 잘 모르겠다'는 고민에 대해
이야기했다. 이런 고민을 가진 분들과 이야기하면서 느낀 것
은 다음과 같다.

> '눈앞에 있는 '하고 싶은 일'을 무시하고, 또 다른 '하고 싶은 일'을 찾으
> 려 한다.'
> '대단히 하고 싶은 일도 아니면서 억지로 그것을 가장 하고 싶은 일이
> 라고 생각한다.'
> '자신에게 재능이 부족하다고 느끼면서도 '하고 싶은 일을 목표로 하고
> 나아가는 것이 인생'이라고 생각한다. 번쩍 들어올린 손을 다시 내리지
> 못하는 것과 같은 상태다.'

아마도 이런 사람이 많을 것이다. 원래 하고 싶은 일은 내면
으로부터 솟아오르는 감각적인 것이다. 그러니 무리해서 머
리로 생각하거나 억지로 좋아하려고 하면 괴로워질 수밖에
없다. 그렇다면 요즘에는 왜 그런 사람들이 많아진 것일까. 우
리가 사는 요즘 세상에서는 '꿈을 갖자!' '포기하지 않으면 꿈
은 이루어진다!'라는 말이 진리처럼 떠돌고 있다. 그러니 싫든
좋든 모두가 하고 싶은 일을 의식할 수밖에 없다. 그래서 하고
싶은 일은 당연히 있어야 하고, 당연히 추구해야 할 대상이라

고 생각하게 된 것이다.

모두가 하고 싶은 일에
'희망'을 너무 많이 갖고 산다

전에는 하고 싶은 일보다 '어떻게 하면 먹고 살 수 있을까'가
우선시되었다. 그러다보니 나이가 들어서 '하고 싶은 일이 있
다'고 하면 주위 어른들에게 혼나는 일이 비일비재했다.

> "그딴 것을 해서 어떻게 밥 먹고 살아!"
> "정신 차리고 현실적으로 생각해!"

이런 비난을 감수해야 했다. 상황이 이렇다보니 하고 싶은
일을 포기해야 하는 경우가 많았다. 요즘은 다르다. '포기하지
않으면 꿈이 이루어진다!'고 소리 높여 외친다. 그런 시대에
뒤떨어진 말은 묻히게 되었다.
　현대 사회에서는 하고 싶은 일을 사회나 주위 사람들이 존
중해준다. 반대로 생각하면 아무도 '포기해!'라는 말을 하지
않는 시대가 되었다. 개인의 선택이 존중받는 분위기다. 하고
싶은 일에 대한 선택권이 오로지 개인에게 주어져 있다.
　많은 사람이 '무엇을 하고 싶은지 잘 모르겠다'며 고민한다.
이것은 극단적으로 표현하면 모두가 하고 싶은 일에 대한 '희

망'을 너무 많이 가진 탓에 쉽사리 '포기'하지 못해 생긴 결과
다. 혼자서는 하고 싶은 일을 결정하기가 어려워진 것이다. 어
쩌면 사람들은 하고 싶은 일을 어떻게 다뤄야 할지 몰라서 오
히려 하고 싶은 일에 휘둘리게 된 것이 아닐까.

'포기'라는 선택지를
골라야 하는 상황도 있다

'하고 싶은 일을 포기하자!'는 말이 아니다. 하고 싶은 일을 하
는 것은 틀림없이 최상의 결과이다. 하고 싶은 일에 대해 '나
도 할 수 있어!'라는 희망을 갖는 것 역시 중요하다.

　내가 하고 싶은 말은 바로 눈앞에 하고 싶은 일이 보였을
때, '한다' '지향하다' '계속한다' 외에도 다른 선택지가 있다는
것을 기억하라는 것이다.

　시마다 신스케 씨는 'M-1 그랑프리(일종의 무명 개그맨들의 등용문
역할을 하는 개그맨 콘테스트)'를 기획한 의도로 '재능이 없는데도 계
속 개그맨을 하겠다고 하는 사람들을 그만두게 하고 싶어서'
라고 밝혔다.

　그의 설명에 따르면 개그계에 들어온 사람들은 크게 세 부
류로 나뉜다. 먼저 재능이 있는 사람들로 이들은 개그맨이 되
면 행복해질 수 있다. 다음은 재능이 없음을 깨닫고 그만두는
사람들로 그만두면 행복해질 수 있다. 끝으로 가장 불행한 이

들인데 재능이 없다는 것도 모르고 계속하는 사람들이다. 여기에 속하는 사람들이 개그맨이 되려는 노력을 그만두지 않으면 앞으로도 계속 불행할 것이 뻔해 주최 측은 'M-1 그랑프리'의 출전 조건을 경력 10년 이내로 두었다.

'10년이나 해봤는데도 준결승까지 진출하지 못한다면 그만두라'는 것이 이 대회를 기획한 시마다 신스케 씨의 진짜 속내이다. 그의 이런 생각은 다음과 같은 의문을 제기한다.

'하고 싶은 일을 포기하면, 포기했다는 사실 때문에 인생이 불행해질까?'
'때로는 포기하는 쪽이 행복으로 이어지는 경우도 있지 않을까?'

세상에는 꿈을 이룬 이야기를 하는 사람은 넘치지만, 시마다 신스케 씨처럼 꿈을 포기하는 것을 이야기하는 사람은 많지 않다. 하고 싶은 일을 포기한다고 하면 '말도 안 된다' '그럼 인생 끝이다'라고 생각하는 사람들이 있다. 하지만 하고 싶은 일을 포기했다고 해서 인생은 끝나지 않는다. 오히려 삶에는 다양한 방식이 있음을 깨닫는다.

현실에서는 포기라는 선택지를 골라야 하는 상황이 상당히 많다. 시마다 신스케 씨의 일화처럼 꿈을 포기하는 이야기에 보다 많은 사람들이 귀 기울여주면 좋겠다.

진정한 포기란

'자신의 한계'를 받아들이는 일

사실 '포기'라는 말 자체의 어감은 썩 좋지 않다. 패배했다는 느낌이 들어서 그렇다. 하지만 여기서 이야기하는 '포기'는 일반적인 의미와는 조금 다르다. '포기하지 않는다'는 것은 오를 수 없는 계단 앞에서 꼼짝도 하지 않고 서 있는 상태와 같다. 여기서 포기란 '자신의 한계를 받아들인다'는 뜻이다. '이 계단은 못 올라간다' 하고 자신의 한계를 받아들이면 더 낮은 계단이나 다른 계단을 선택해서 오를 수 있다.

한계를 받아들이지 않으면 낮은 계단을 오르려는 생각을 하지 못한다. 한계를 받아들이지 못하면 다음 계단을 오를 수 없다. '건전한 포기'라고 표현해도 좋겠다.

세상에는 다음 계단을 오를 수 없다는 사실을 인정하지 못해, 낙담한 채로 계단 앞에 굳어버린 사람들이 많다. 자신의 가치를 너무 높게 평가한 나머지 다음 계단을 오르지 못한다. 사실을 있는 그대로 받아들이지 못하는 것이다. 결국 이들은 포기하지 못하기 때문에 다른 길을 선택하지도 못한다.

한계를 받아들이면
새로운 희망이 보인다

'좋아하는 음식이 뭐죠?'라는 질문을 받으면 쉽게 대답할 수 있다. 이때 질문을 바꿔 '하고 싶은 일이 뭐죠?'라고 물으면 쉽게 답하기 어렵다. 자신이 하고 싶은 일이 '다른 사람들이 대단하다고 치켜세울 만한 일' '남들이 하고 있지 않은 일' '고도의 전문성을 요구하는 일'이었으면 하기 때문이다.

가족과 함께 지내는 것을 무엇보다 좋아하는 사람이 '내가 그렇게 평범한 일을 좋아할 리가 없어. 다른 것이 있을 거야…' 라고 생각하는 이유가 바로 여기에 있다. '그럴 리 없어'라는 생각만 하며 사는 사람은 자신의 진짜 모습에서 멀어진다. 결국 괴로운 나날을 보낸다.

자신의 한계를 받아들이지 않으면 보이지 않는 것이 있다. 앞에서 소개한 시마다 신스케 씨의 이야기는 '자신의 한계를 받아들인 사람의 가능성'에 대한 이야기다.

하고 싶은 일을
포기하는 것도 고민 해결 방법

이상하게 들릴지도 모르지만 하고 싶은 일을 포기하는 것 역시 행복해지는 방법이다. 사람은 희망이 없으면 다음 계단을 오르려 하지 않는다. 하지만 포기가 없으면 계단 앞에서 멈춰 서게 된다. 인생에는 희망과 포기, 둘 다 필요하다. 문제는 둘의 균형이다. 어느 한쪽이 사라지면 삶이 괴로워진다.

당신이 고민하는 이유는 무엇 때문인가. 하고 싶은 일에 대한 희망이 부족하기 때문인가? 아니면 포기가 부족하기 때문인가?

× TIP ×

"건전하게 포기하면, 눈앞에 '소박하고 사랑스러운 작은 길'이 펼쳐져 있음을 깨닫게 된다."

chapter 07.

고민메이커에게 '올바른 네거티브'를 권하다

01

고민 때문에

도망치기

바빴던 시간

✕

나는 직장을
쉽게 그만둬서 고민이었다

책을 쓰며 마치 대단한 사람인 것처럼 이야기하고 있지만, 나는 불과 몇 년 전까지만 해도 항상 고민하며 괴로운 하루하루를 보내고 있었다. 가장 큰 문제는 직장을 쉽게 그만둔다는 것이었다. 지나치게 예민했는지 잘 버티지 못하고 금세 도망쳤다.

그러던 어느 날 영어를 잘하면 좋은 직장을 구할 수 있을 것이라 생각해 기합을 잔뜩 넣고 영어 공부를 시작했다. 이후 어학연수도 다녀왔고, 토익 시험에서도 고득점을 받았다. '이제 나도 좋은 직장에 들어갈 수 있을 거야'라고 생각해 구직을 시작했지만, 막상 나를 불러주는 회사는 없었다.

영어 실력을 보기도 전에 쉽게 회사를 그만두고 옮겨 다닌 전적 때문에 서류 심사에서 떨어졌다. 가끔 운 좋게 면접까지 가도 이직 횟수가 너무 많아 경력의 일관성이 부족하다는 질문을 들어야 했다. 그러면 나도 모르게 긴장이 돼 제대로 말을 할 수가 없었다. 그러다보니 면접관이 화를 내거나 혼을 낸 적도 있었다.

몇 개월 동안 이런 실패를 반복하면서 나는 점점 비굴해졌다. 좋지 않은 인상을 풍기는 사람이 되어 갔다. 나중에는 간단한 아르바이트 면접에서조차 떨어지는 최악의 상황까지 겪었다. 이런 상황이 반복되자 '나는 할 수 있는 게 없나 봐'라는 생각이 들었다. 직장을 구해서 일하는 것이 두려움으로 다가오기 시작했다.

　구직 활동을 계속해야 하는데 구인 광고를 보는 것조차 괴로웠다. 취업 관련 인터넷 사이트를 보는 것만으로도 몸이 뻣뻣하게 굳어버리거나 복통이 생겼다. 어떻게 겨우겨우 구인 광고의 내용을 읽어도 드는 생각은 부정적이었다.

　'내 경력으로는 지원할 수 있는 곳이 없어.'
　'내가 이런 일을 어떻게 해.'
　'일단 채용은 해놓고 그만두고 싶으면 마음대로 하라는 나쁜 회사일 거야.'
　'지원해도 어차피 떨어질 텐데…….'

　이런 변명만 늘어놓으며 제대로 지원해보지 않고 도망치기만 했다. 결국 대낮부터 술을 퍼마시며 잠을 자기 시작했다. 제정신으로 있기가 두려워서 절망으로 하루하루를 보냈다. 1년 4개월 동안 매일을 그렇게 살았다. 당시 나는 '나 같은 사람은 이제 취업이 안 될 거야. 이대로 사회에 나갈 기회를 잃고 자살할지도 몰라…' 하는 생각을 했다. 그러면서 나의 존재가 세상에서 사라질지도 모른다는 두려움에 떨었다. 밤에는 종종 가위에도 눌렸다.

그렇게 20년 동안 고민만 하며 지냈다

당시 나는 서른여섯의 나이에 인쇄 공장에서 아르바이트하면서 생계를 유지하고 있었다. 둔한 나는 공장에서도 제 역할을 다하지 못해 20대 초반의 아르바이트생에게 '바보 같아!' '집에나 가버려!'라는 말을 들어야 했다. 그런 말을 들어도 아무런 대답도 하지 못한 채 근무 시간 내내 시무룩한 상태로 지냈다.

당시 나를 알던 친구가 '이제는 괜찮으니까 말하지만 그때는 정말 그대로 죽어버리는 것이 아닌가 싶을 정도였어'라고 말할 정도였다.

나도 괴로웠지만 주위 사람들도 이런 나를 어떻게 대해야 할지 몰라 곤란했을 것이다. 이때를 포함하여 내가 사는 것이 괴롭다고 느낀 기간은 거의 20년에 달한다.

그렇게 괴로운 시간을 보낼 때도 나는 마음의 병을 앓고 있다
는 진단을 받은 적은 없었다. 친구들에게 불안한 마음을 털어
놓은 적은 있었지만 전문적인 상담을 받아야겠다는 생각은
전혀 하지 못했다. '더는 이대로 못 살겠다!' 할 정도의 문제로
아주 절박해진 상황이 아니면 정신과에 가거나 상담받을 생
각을 하지 않는 것이 일반적이다. 나 역시 무척 괴로운 상황
이었는데도 '이 정도 고민은 상담받을 정도는 아니다' '상담은
왠지 내가 정신이 이상해진 것 같아 보여서 싫다'라고만 생각
했다.

고민의 크기가 작아도
내가 힘들면 큰 고민이다

그렇게 나 혼자 발버둥쳤지만 문제를 해결할 돌파구를 전혀
찾을 수 없었다. 결국 그 상태가 20년 동안 지속되면서 혼자
괴로운 시간을 보내야 했다.
　우울증처럼 정확한 진단명이 붙은 사람들에게는 사회적인
관심이 향하지만, 그 직전 상태에서 버티는 사람들은 그런 관
심에서 소외된다. 그렇기에 고민으로 괴로워하는 당사자들조

차도 자신의 어려움에 관심을 두지 않는다. 나는 사람들의 그런 인식과 더불어 나와 같은 경험을 하는 사람이 생기는 것이 문제라고 생각해 심리 상담사가 되기로 결심했다.

×TIP×

"고민은 상대적인 것이 아니라 절대적인 것이다. 다른 사람에겐 별것 아닌 고민이지만 나에겐 다를 수 있다."

02

문제를

인정하기만 해도

고민은 해결된다

✕

고민이 없어 보이는 사람도
사실 고민을 매일 끌어안고 산다

나처럼 정확한 진단명은 없어도 마음의 병과 정상의 경계선에 서서 버티는 사람들이 꽤 많을 것이다. 여기서는 그런 사람들을 '고민이 없는 사람'이라고 부르겠다. 물론 명칭 그대로 정말 '고민이 없다'는 의미로 붙인 이름은 아니다.

여기서는 본인은 괴로움을 억누르며 살아가는데, 고민이 없다는 진단을 받은 사람을 가리킨다. 스스로도 대단한 고민이 없다고 생각하는 사람이 여기에 속한다. 그렇다면 고민이 없는 사람은 어떤 문제를 가지고 있을까.

고민이 없는 사람은 장기간 저공비행을 계속하게 된다. 만약 당신이 고민 때문에 회사에 못 가게 되거나 오랫동안 집 밖으로 나가지 않는다. 그럼 주위에서 이상함을 느끼고, 전문 기관에 가서 상담이나 치료를 받도록 권유한다.

당신도 '이런 상태라면 전문가를 만나는 편이 좋겠지'라고 생각해 전문 기관을 찾는다. 이런 경우 다른 사람의 도움을 받을 기회가 생긴다.

반면에 '고민이 없는 사람'은 어떻게든 삶을 꾸려 나가고 있어 주위 사람들이 당사자의 괴로움을 눈치 채지 못한다. 그러니 본인 역시 상담을 받으러 가야겠다는 생각을 하지 못한다. 다른 사람의 도움을 받을 기회를 잃고 고립될 수밖에 없는 상황인 것이다.

'고민이 없는 사람'은 혼자서 고민을 끌어안은 채 '생활에 지장이 있을 정도는 아니지만 좋지 않은 상태가 지속되는 상황'에 빠진다. 고민이 상대적으로 심각하지 않기에 장기간 당사자를 괴롭히는 매우 아이러니한 상황에 처하게 된다. 나는 이처럼 괴로움을 참으며 상담을 받으러 가지 않는 사람들 중에 도움이 절실한 사람이 많다고 생각한다.

철새는 다음 목적지로 출발할 때 한 번에 높은 곳까지 날아오른다. 그다음부터는 날개를 활짝 펼치고만 있으면 바람을 타고 이동할 수 있기 때문이다. 해수면 근처는 바람의 저항이 강하기 때문에 이때 저공비행을 하게 되면 다음 목적지에 도착

하기도 전에 힘이 다 빠져버리고 만다.

'고민이 없는 사람'은 저공비행을 하는 철새와도 같다. 고도가 낮아 강한 바람의 저항을 계속 받는 상태이다. 힘이 다 빠져버리기 전에 서둘러 고도를 높여야 한다.

또 그들은 자신이 처한 상황의 심각성을 깨닫지 못한다. '내가 가진 고민은 상담을 받으러 갈 정도는 아니야…'라고 쉽게 단정한다.

내가 '고민이 없는 사람들의 고민 상담'이라는 간판을 내건 이유는 그들 스스로가 자신의 문제를 깨달았으면 해서다. '작은 고민이어도 당신이 괴롭다면 상담을 받으러 오세요'라는 마음을 담은 작명이다. 고민이 없는 사람이 보다 가벼운 마음으로 도움을 요청한다면 상태가 심각해지기 전에 괴로움을 덜어 낼 수 있다. 생활에 지장을 주는 수준으로 심각해지기 전에 어떻게든 해결할 수 있다. 귀중한 인생을 허비하는 일도 줄어들 것이다.

고민을 적으로
돌리지 않는다

많은 사람들이 고민이 생기면 문제가 되는 부분을 가만히 두려고 하지 않는다. 문제가 되는 부분에 대해 '뭐 하고 있는 거야!' '그럴 리 없어!' '이것만 없었으면!' 하고 비난하거나 무시

혹은 배제하려 한다. 문제가 되는 부분을 가만히 두지 않아야 자신이 성장할 수 있다고 믿는다. 고민은 적이며 싸워서 이겨야 할 대상으로 보는 것이다. 물론 이런 방식으로 문제가 잘 해결되는 경우도 있다. 하지만 그렇게 했는데도 문제가 해결되지 않으면, 문제가 되는 부분을 인정하고 완전히 대척점에 서 있는 접근 방법이 필요하다.

문제를 인정하는 것에서부터
시작하자

문제가 되는 부분을 인정하는 것이 어떻게 성장으로 이어질까? 먼저 왜 고민이 생기는지부터 생각해보자. 이해를 돕기 위해 고민에 자주 처하는 한 경영자를 예로 들어보겠다. 경영자는 다른 사람들을 통솔해야 하는 위치에 있는 만큼 많은 고민을 한다. 고민의 종류는 다양하지만 시작은 동일한 경우가 많다. 바로 자신의 약점을 인정하지 못하는 것이다. 경영자는 리더십을 발휘해야 하는 자리에 있어, 평소에도 강한 모습을 보여주는 것을 당연하게 생각한다.

하지만 경영자도 사람이기 때문에 분명 약점은 있다. 그들은 약점이 드러나는 상황에서도 항상 강한 모습으로 있는 것에 익숙해 자신의 약점을 쉽게 인정하지 못한다. '내가 그럴 리 없어'라며 자신의 약점을 싫어하거나 무시하려 한다.

하지만 배척당한 약점은 자신의 존재를 어필하기 위해 더욱 문제를 일으킨다. 그 결과 다양한 고민이 발생한다. 다음은 고민이 발생하는 과정을 정리한 것이다.

<고민이 발생하는 과정>

인정하고 싶지 않은 부분을 인정하지 않고,
의식적으로 배제한다.
↓
무의식은 이에 대항하여 인정하고 싶지 않은 부분이
배제되지 않게 하는 방향으로 작동한다.
↓
의식 vs 무의식의 대결에서는 무의식이 강하다.
↓
반작용으로 인정하고 싶지 않은 부분이
강하게 존재감을 드러낸다.
↓
고민이 더 커진다.
↓
"약한 내 모습은 인정하지 않겠어!"

고민은 위와 같은 과정을 통해 발생한다. 고민은 본래 자신의 마음속에 존재하는 어떤 것을 무시하거나 싫어하기 때문에 시작된다.

그렇다면 고민은 어떻게 다루어야 할까. 고민은 자신의 내면
에 있는 존재로 인정해주는 것이 좋다. 고민이 자라서 드러나
는 이유는 당신에게 자신의 존재를 어필하기 위해서다. 설사
그 문제가 인정하고 싶지 않은 부분이더라도 존재를 인정해
주면 상황을 잠재울 수 있다. 성장의 기회와도 연결된다. 예를
들어 자신감을 더 키우고 싶은데 잘 안 되는 것이 고민이라고
가정해보자. 보통 때라면 자신감이 부족한 모습을 인식하고
'나 지금 왜 이러고 있는 거지' '이런 상황은 말도 안 돼'라며
비판하고, 무시하고, 배제하려 할 것이다.

　이럴 때는 자신의 내면에 있는 고민, 즉 자신감이 부족한 상
황을 있는 그대로 인정해주어야 한다. 그렇다고 문제 상황을
좋아할 필요는 없다. 그저 자기 안에 '자신감 부족이 고민이구
나!' 하고 인정해주기만 하면 된다. 그러면 문제는 '드디어 내
존재를 인정해준 것인가!' 하고 잠잠해질 것이다. 이것이 바로
고민은 이웃사촌이고, 서로 협력해나가는 관계라는 사고방식
이다. 고민을 적으로 보고 싸워 이길 대상으로 받아들이는 일
반적인 사고방식과는 정반대다.

고민을 잘 다루지 못한다면
인정하는 방법으로

내가 심리 상담을 공부하던 시절, 바로 이 지점에서 가장 크게
놀랐다. 그동안은 문제가 되는 부분을 받아들이지 않는 것이
좋다고 생각했는데 심리 상담에서는 완전히 반대로 생각해야
했다. 고민으로 힘들 때는 문제가 되는 부분을 인정하면 완전
히 나락으로 굴러떨어질 것이라고 생각했는데 아니었다.

　여기서 오해하지 말아야 할 점은 문제를 가만히 두지 않는
것이 반드시 옳지 않다는 말은 아니다. 그런 방식으로 고민을
극복하고 성장해나갈 수 있다면 전혀 문제가 되지 않는다.

　문제는 그런 방식으로 해결되지 않는 상황에서도 그 방식
만 고집하는 사람들이다. 고민을 잘 다루지 못하는 사람들이
할 만한 잘못이다. 문제가 되는 부분을 '가만히 두지 않는 것'
으로 해결되지 않으면 '인정하는 방법'으로 해보면 된다.

×TIP×

"'밀어서 안 열리면 당겨보라'는 말을 무시하고, 계속
밀기만 하는 사람들이 있다. 한 가지 방법으로 잘 안 되
면 다른 방법을 사용하면 된다."

03

억지로

긍정적일

필요는 없다

✕

문제가 되는 부분을
인정한 사람들

문제가 되는 부분을 인정함으로써 마음이 편해진 내담자의 사례를 소개하고자 한다.

그녀는 30대 기혼 여성으로 직장생활을 하는 사람이었다. 편의상 E씨라고 하겠다. E씨는 '자신이 어떤 기분인지 잘 몰라서 항상 괴롭다'는 고민에 시달리고 있었다. 그녀는 자신이 어떤 것을 좋아하는지, 무엇을 하고 싶은지 잘 몰랐다. 설령 좋아하거나 하고 싶다는 생각이 들어도 곧장 흥미를 잃거나 정말 자신이 좋아하는 것인지 고민했다.

E씨는 어린 시절 친어머니에게서 할머니, 고모에 대한 욕을 매일 들어야 했다. 고부뿐 아니라 부부 사이 등 가족 내에서 다양한 인간관계 문제를 겪어야 했던 어머니는 딸을 자신의 세계로 끌어들여 지배하려 했다. E씨는 학교 성적이 잘 나오지 않으면 '부끄러운 자식'이라는 소리를 들었고, 집에 돌아오면 매일 어머니가 손수 낸 시험 문제를 풀어야 했다.

어느 날은 그녀가 라이트 노벨을 읽자 그녀의 어머니는 '그딴 거 말고, 제대로 된 문학책을 읽어라' 하며 허리띠로 E씨를 때리기도 했다.

결국 E씨는 자신이 하고 싶은 일 대신 어머니가 시키는 일을 했다. 하지만 어머니가 좋다고 하는 것에 그녀 역시 좋다고 말하면 '남들이 좋다고 말하는 것을 그대로 따라하지 말라'는 말을 들었다. 당시 E씨는 거의 매일 밤 절벽에서 떨어지는 꿈을 꾸었다. 본격적으로 괴로움을 겪은 것은 중학생 때부터였다. 학교 친구들 사이에서 거리감을 느낀 그녀는 모두 즐겁게 지내면 좋겠다는 마음에 어느 그룹에도 속하지 말아야겠다고 생각했다.

큰 고민 없이 사는 것처럼
보이는 사람

고등학생이 된 뒤, 어머니의 말과 행동은 더욱 심해졌다. 매일 부정적인 말에 잘난 척하는 이야기만 늘어놓았다. E씨는 어머니의 기분에 따라 천국과 지옥을 오가야 했다. 대학생이 된 E씨는 동아리에 들어가기도 하고 친구도 생겼지만 갈수록 괴로움은 커져 갔다. 큰 돌이 가슴을 짓누르는 듯한 느낌마저 들었다. 집으로 돌아오는 길에 왈칵 눈물이 나기도 했고 일부러 구토를 하기도 했다. 취업을 준비할 당시 E씨는 자신의 장단점조차 잘 이야기하지 못했다. 심지어 자신이 살아 있다는 사실마저 옳지 않다는 생각이 들어 손목을 긋기까지 했다. 결국 E씨는 어머니를 견디지 못해 도망치듯 집을 뛰쳐나왔다.

겉으로 보기에 E씨는 큰 고민이 있는 사람처럼 보이지 않았다. 대학 졸업 후 취직해서 일을 했고, 결혼 후에도 계속 회사에 다니는 등 특별한 문제 없이 사는 듯 보였다. 그때까지는 상담을 받으러 다닌 적도 없었고, 친구들에게도 자신의 괴로운 상황을 일절 말하지 않았다.

그러니 다른 사람들이 E씨의 괴로움을 알아보지 못하는 것은 당연했다. 하지만 E씨 자신은 너무도 괴로운 상태였다. 어린 시절부터 자연스레 느끼고 생각한 것들을 부정당한 탓에 자신이 무엇을 좋아하고 싫어하는지조차 파악하지 못했다. 그로 인해 일상생활에서 괴로움을 겪어야 했다. 나는 E씨의 상담을 맡았고, 상담을 마친 뒤 그녀는 자신이 깨달은 세 가지를 알려주었다.

'내가 느끼고 생각하는 내용들은 절대 틀리지 않았다.'
'어떤 기분이 들든 그것은 나를 이루는 전체 중 일부에 지나지 않는다.'
'문제가 되는 부분은 인정한다.'

이후 E씨에게 일어난 첫 번째 변화는 상담 다음 날 출근했을 때 '풍경이 달라져 보인다'는 것이었다. 스트레스를 주는 대상으로 여겼던 회사 사람에게도 자신의 생각과 느낌을 솔직하게 이야기할 수 있었다.

평소 E씨는 사람을 대할 때 '별로 좋아하는 사람이 아니어도, 가벼운 잡담 정도는 하고 싶은 마음'이 들었는데 상담을 통해 그 사실을 받아들이게 되었다. 상담 전에는 그 사람을 별로 좋아하지 않는 자신의 모습을 받아들일 수 없었고, '잡담 정도는 가볍게 나누고 싶다'라는 마음도 인정하지 못했다고 했다. 하지만 자신의 마음속에 있는 솔직한 기분을 인정하고 나니 마음이 편해졌다고 했다.

시어머니와의 관계도 그다지 좋지 않았지만, 시어머니 생신에 처음으로 '저랑 같이 음악회에 가실래요?'라는 말도 하게 되었다. 지금까지 E씨는 누군가에게 선물할 때 상대의 기호를 고려했다. 골프를 좋아하는 사람에게는 골프 용품을 선물하는 등 상대방이 좋아하는 물건만 선택했다. 하지만 난생처음으로 자신이 좋아하는 클래식 음반을 선물했는데, 상대도 기뻐해서 정말 기분이 좋았다고 했다. E씨는 그동안 친어머니가 해오던 일을 무시했는데, '나도 그 일이 마음에 든다'는 사실을 깨닫고 앞으로 그 일을 공부해야겠다는 결심도 했다.

그녀의 이런 변화는 원래부터 자신의 마음이 어떤지 알고 있던 사람에게는 사소한 변화에 지나지 않는다. 하지만 어린 시절부터 끊임없이 자신의 생각과 감정을 부정하고 의심하기만 했던 E씨에게는 '나쁜 마법이 풀린 듯한 상황'이었다. 그녀는 '너무 기뻐 눈물이 멈추지 않았다'고 했다.

자신의 부정적인 부분을 더 가까이 하기

고민이 생겼을 때 '더욱 긍정적으로!'라는 충고를 해주는 사람들이 많다. 하지만 실제로 그렇게 하는 사람들은 원래부터 고민을 잘 다루는 사람일 것이다. 사람이 긍정적으로 변하는 것은 결과적으로 그렇게 되면 좋을 뿐, 과정에는 오히려 자신의 내면에 존재하는 부정적인 부분을 가까이 하는 것이 더 중요하다. 이를 계기로 문제가 되는 부분을 기꺼이 인정해보는 것이다.

× TIP ×

"고민을 잘 다루지 못하는데 무리해서 긍정적일 필요는 없다. 오히려 자신의 부정적인 부분을 받아들이자."

고민은

결국

'가능성'이다

"재발견과 새로운 발견을 동시에 체험하는 하루였어요."

"앞으로 경력을 어떻게 설계해나가야 할지 알 수 있었어요."

"내 자신과 사이좋게 지내는 데 도움이 될 만한 힌트를 얻었어요."

"상담이 끝난 후에도 미소가 얼굴에서 떠나질 않아요."

"지금 서 있는 곳에서부터 자연스럽게 앞으로 나아가게 되었어요."

"외로움을 넘어서는 희망의 빛을 처음으로 느낄 수 있었어요."

"우선 '하고 싶었는데도 안 했던 일'을 해나갈 거예요."

"방전된 상태였는데 가득 충전된 느낌이에요."

"마음이 포근해졌어요."

"앞으로 변한 제 모습이 너무도 기대돼요."

다들 무엇에 대한 감상을 말한 것일까? 모두 내게 상담을 받은 사람들의 감상이다. 고민 때문에 상담을 받으러 온 분들이 남긴 글이라고는 볼 수 없을 정도로 밝은 어조이다.

사람들은 자신에게 불가능한 일에 대해서는 고민하지 않는다. '고민하고 있다'는 것은 마음 깊은 곳에서 '난 더 잘할 수 있어'라는 자신에 대한 믿음을 가지고 있다는 증거이다. 또 당신에게 충분한 에너지가 있다는 의미이다. 나의 일은 그 에너지가 지금까지와는 조금 다른 방향을 향하도록 하는 것뿐이다. '고민이 없는 사람들의 고민 상담'이라는 간판을 세운 탓

인지, 정말 다양한 고민을 가진 분들이 찾아와 이야기를 들려
준다.

'직장을 그만둬야 할까, 말아야 할까' 하는 고민.

'지금 이대로 괜찮은 걸까?' 하는 장래의 불안.

'마음에 들지 않는 자신의 성격'으로 인한 고민.

'불편한 인간관계'로 인한 걱정.

'쉽게 고쳐지지 않는 나쁜 습관' 때문에 고민.

'자신의 공간에 틀어박혀서 앞으로 나아갈 용기를 상실한 것' 때문에
생긴 고민.

'사는 게 즐겁지 않다'는 막연한 고민.

'특별히 고민하는 것은 없는데…'라고 운을 때는 사람까지.

이렇게 다양한 고민을 가진 사람들이 상담을 마친 후, 본래
자신의 모습을 되찾아가는 모습은 몇 번을 봐도 정말 감동적
이다.

'몇 년을 망설이기만 했던 이직을 극적으로 해낸 분.'

'텔레비전이나 신문에 어떤 활동을 하는지 보도된 분.'

'장래를 생각하면 답답하기만 했는데, 이제는 의욕이 넘친다는 분.'

'회사 내에서 실적이 오른 분.'

'직장생활이 두려워 일을 못 했는데 다시 일을 시작하신 분.'

'외로운 인생을 살아오다가 처음으로 희망이 보인다는 분.'

'가족을 진정으로 사랑하게 된 분.'

'이유는 알 수 없지만 계속 웃음이 나온다는 분.'

변화된 내담자의 모습을 통해 상담자인 나도 많은 것을 배우고 성장할 수 있었다. 사실 진심으로 감사해야 할 사람은 나다. 지난 20년 동안 삶이 힘겨웠던 나는 천직을 찾은 지금이 정말 행복하다.

'고민은 항상 당신의 가능성을 보여준다.'

내일 고민은 내일 하는 걸로

초판 1쇄 인쇄 2019년 10월 11일
초판 1쇄 발행 2019년 10월 18일

글쓴이 스기타 다카시
옮긴이 이주

펴낸이 박세현
펴낸곳 팬덤북스

기획 위원 김정대 김종선 김옥림
기획 편집 윤수진 오진환
디자인 이새봄
마케팅 전창열

주소 (우)14557 경기도 부천시 부천로 198번길 18, 202동 1104호
전화 070-8821-4312 | **팩스** 02-6008-4318
이메일 fandombooks@naver.com
블로그 http://blog.naver.com/fandombooks

출판등록 2009년 7월 9일(제2018-000046호)

ISBN 979-11-6169-095-7 03320